中国文化文学经典文丛

孔子家语·朱子家训

【明】朱柏庐等/著　胡　瀚/编著　孙建军/主编

吉林文史出版社

图书在版编目（CIP）数据

孔子家语·朱子家训 /（明）朱柏庐等著 ；胡瀚编著.
长春：吉林文史出版社，2016.12（2024.6重印）
（中国文化文学经典文丛/孙建军主编）
ISBN 978-7-5472-3069-5

Ⅰ.①孔… Ⅱ.①朱… ②胡… Ⅲ.①孔丘（前551－前479）－生平事迹②古汉语－启蒙读物
Ⅳ.①B222.2②H194.1

中国版本图书馆CIP数据核字（2016）第134494号

KONGZIJIAYÜ · ZHUZIJIAXUN
书　　名：孔子家语·朱子家训

著　　者：（明）朱柏庐等
主　　编：孙建军
编　　著：胡　瀚
责任编辑：高冰若
封面设计：李　荣
出版发行：吉林文史出版社
地　　址：长春市福祉大路5788号
邮　　编：130117
电　　话：0431-81629352
网　　址：www.jlws.com.cn
印　　刷：三河市燕春印务有限公司
开　　本：920mm×1280mm　1/16
印　　张：30.5
字　　数：380千字
版　　次：2017年1月第1版 2024年6月第5次印刷
书　　号：ISBN 978-7-5472-3069-5

定　　价：78.00元

前　言

孔子家语

孔子名丘，字仲尼，东周时期鲁国陬邑（今中国山东曲阜市南辛镇）人，祖上为宋国（今河南商丘）贵族。春秋末期的思想家和教育家，儒家思想的创始人。孔子集中华上古文化之大成，在世时已被誉为“天纵之圣”“天之木铎”，是当时社会上最博学的学者之一，被后世统治者尊为圣人、至圣、至圣先师、万世师表，被联合国教科文组织评选为“世界十大文化名人”之首。

《孔子家语》详细记录了孔子与其弟子门生的问答和言谈行事，对研究儒家学派（主要是创始人孔子）的哲学思想、政治思想、伦理思想和教育思想，有巨大的理论价值。书中的内容大都具有较强的叙事性，也就是说大多是有关孔子的逸闻趣事，所以，此书又具有较高的文学价值。首先，此书是研究孔子生平及其思想的重要参考资料，也是了解历史上真实的孔子的重要依据。

另外书中的许多故事和孔子的许多充满哲理的语言对我们具有深刻的借鉴意义。

宋儒重视心性之学，重视《论语》《孟子》《大学》《中庸》，但与这“四书”相比，无论在规模上，还是在内容上，《孔子家语》都要高出很多。该书对于全面研究和准确把握早期儒学更有价值，从这个意义上，该书完全可以当得上“儒学第一书”的地位。

本书挑选传统《孔子家语》当中的精彩片段，使读者能有针对性地阅读。

朱子家训

《朱子家训》作者朱柏庐原名朱用纯，字致一，自号柏庐，明末清初江苏昆山县人（今昆山市）。著名理学家、教育家。其父朱集璜是明末的学者，清顺治二年守昆城抵御清军，城破，投河自尽。朱柏庐自幼致力读书曾考取秀才，志于仕途。清入关明亡就不再求取功名，居乡教授学生并潜心程朱理学，主张知行并进，一时颇负盛名。康熙曾多次征召，然均为先生所拒绝。曾用精楷手写数十本教材用于教学。康熙年间坚辞博学鸿词之荐，后又坚拒地方官举荐的乡饮大宾。与徐枋、杨无咎号称“吴中三高士”。康熙三十七年染疾，临终前嘱弟子：“学问在性命，事业在忠孝。”著有《删补易经蒙引》《四书讲义》《劝言》《耻耕堂诗文集》《愧讷集》和《毋欺录》等。

《朱子家训》（又称《治家格言》《朱子治家格言》《朱柏庐治家格言》），全文524字，文字通俗易懂，内容简明赅备，对仗工整，朗朗上口，问世以来，不胫而走，成为有清一代家喻户晓、脍炙人口的教子治家的经典家训。其中一些警句，如“一粥一饭，当思来处不易；半丝半缕，恒念物力维艰”“宜未雨而绸缪，毋临渴而掘井”等，在今天仍然具有教育意义。

《朱子家训》以“修身”“齐家”为宗旨，集儒家做人处世方法之大成，思想植根深厚，含义博大精深。《朱子家训》通篇意在劝人要勤俭持家安分守己。讲中国几千年形成的道德教育思想，以名言警句的形式表达出来，可以口头传训，也可以写成对联条幅挂在大门、厅堂和居室，作为治理家庭和教育子女的座右铭，因此，很为官宦、士绅和书香门第乐道，自问世以来流传甚广，被历代士大夫尊为“治家之经”，清至民国年间一度成为童蒙必读课本之一。

目　录

孔子家语

朱子家训

孔子家语

相　鲁

【原文】

孔子初仕，为中都宰[①]。制为养生送死之节，长幼异食，强弱异任，男女别涂，路无拾遗，器不雕伪。为四寸之棺，五寸之椁[②]，因丘陵为坟，不封不树。行之一年，而西方之诸侯则焉。

定公[③]谓孔子曰：“学子此法以治鲁国，何如？”孔子对曰：“虽天下可乎，何但鲁国而已哉！”于是二年，定公以为司空，乃别五土之性[④]，而物各得其所生之宜，咸得厥所。

先时，季氏葬昭公于墓道之南，孔子沟而合诸墓焉。谓季桓子曰：“贬君以彰己罪，非礼也。今合之，所以掩夫子之不臣。”

由司空为鲁大司寇，设法而不用，无奸民。

【注释】

①中都：鲁邑，在今山东省汶上县西。宰：一邑长官。

②椁：棺木有二重，里面称棺，外面称椁。

③定公：鲁国国君，名姬宋，定公是谥号。

④五土之性：旧注："一曰山林，二曰川泽，三曰丘陵，四曰坟衍，五曰原隰。"坟衍指肥沃平旷的土地。原隰指广平低湿之地。

【译文】

孔子刚做官时，担任中都邑的邑宰。他制定了使老百姓生有保障、死得安葬的制度，提倡按照长幼吃不同的食物，根据能力的大小承担不同的任务，男女走路各走一边，在道路上遗失的东西没人拾取据为已有，器物不求浮华雕饰。死人装殓，棺木厚四寸、椁木厚五寸，依

傍丘陵修墓，不建高大的坟，不在墓地周围种植松柏。这样的制度施行一年之后，西方各诸侯国都纷纷效法。

鲁定公对孔子说："学习您的施政方法来治理鲁国，您看怎么样？"孔子回答说："就是天下也足以治理好，岂止是治理好鲁国呢！"这样实施了两年，鲁定公任命孔子做了司空。孔子根据土地的性质，把它们分为山林、川泽、丘陵、高地、沼泽五类，各种作物都种植在适宜的环境里，都得到了很好的生长。

早先，季平子把鲁昭公葬在鲁国先王陵寝的墓道南面，孔子做司空后，派人挖沟把昭王的陵墓与先王的陵墓连到一起。孔子对季平子的儿子季桓子说："令尊以此羞辱国君却彰显了自己的罪行，这是破坏礼制的行为。现在把陵墓合到一起，可以掩盖令尊不守臣道的罪名。"

之后，孔子又由司空升为鲁国的大司寇，他虽然设立了法律，却派不上用场，因为没有犯法的奸民。

【原文】

定公与齐侯会于夹谷[①]，孔子摄相事，曰：“臣闻有文事者必有武备，有武事者必有文备。古者诸侯出疆，必具官以从，请具左右司马[②]。”定公从之。

至会所，为坛位，土阶三等，以遇礼相见，揖让而登。献酢[③]既毕，齐使莱人以兵鼓噪，劫定公。孔子历阶[④]而进，以公退，曰：“士，以兵之。吾两君为好，裔夷之俘，敢以兵乱之，非齐君所以命诸侯也！裔不谋夏，夷不乱华，俘不干盟，兵不偪好，于神为不祥，于德为愆义，于人为失礼，君必不然。”齐侯心怍，麾而避之。

有顷，齐奏宫中之乐，俳优侏儒戏于前[⑤]。孔子趋进，历阶而上，不尽一等，曰：“匹夫荧侮诸侯者，罪应诛。请右司马速刑焉！”于是斩侏儒，手足异处。齐侯惧，有惭色。

将盟，齐人加载书曰：“齐师出境，而不以兵车三百乘从我者，有如此盟。”孔子使兹无还[⑥]对曰：“而不返我汶阳之田，吾以供命者，亦如之。”

齐侯将设享礼[7]，孔子谓梁丘据曰：“齐鲁之故，吾子何不闻焉？事既成矣，而又享之，是勤执事。且牺象不出门[8]，嘉乐不野合。享而既具，是弃礼；若其不具，是用秕稗也。用秕稗，君辱；弃礼，名恶。子盍图之？夫享，所以昭德也；不昭，不如其已。”乃不果享。

齐侯归，责其群臣曰：“鲁以君子道辅其君，而子独以夷狄道教寡人，使得罪。”于是乃归所侵鲁之四邑[9]及汶阳之田。

【注释】

①齐侯：齐国国君。夹谷：即今山东莱芜境内的夹谷山。

②左右：正副。司马：掌管军事的官。

③献酢：主客互相揖让敬酒。

④历阶：一步一级地快步登阶。

⑤俳优：演舞蹈滑稽戏的人。侏儒：身体矮小的杂技艺人。

⑥兹无还：人名。旧注："鲁大夫。"

⑦享礼：宴会礼仪。

⑧牺象：牛形和象形的酒器。门：这里指宫门。

⑨四邑：旧注："郓、讙、龟、阴也。"一说龟阴为一邑之名。

【译文】

鲁定公和齐侯在齐国的夹谷举行盟会，孔子代理司仪，孔子对鲁定公说："我听说，举行和平盟会一定要有武力作为后盾，而进行军事活动也一定要有和平外交的准备。古代的诸侯离开自己的疆域，必须配备应有的文武官员随从，请您带上正副司马。"定公听从了孔子的建议。

到举行盟会的地方，筑起盟会的高台，土台设立三个台阶。双方以简略的会遇之礼相见，相互行礼谦让着登上高台。互赠礼品互相敬酒后，齐国一方派莱人军队擂鼓呼叫，威逼鲁定公。孔子快步登上台阶，保护鲁定公退避，说："鲁国士兵，你们去攻击莱人。我们两国国君在这里举行友好会盟，远方夷狄的俘虏竟敢拿着武器行暴，这绝不是齐君和天下诸侯友好邦交之道。远方异国不得谋我华夏，夷狄不得扰乱我国，俘虏不可扰乱会盟，武力不能逼迫友好。否则，这不但是对神明的不敬，从道德上讲是不义，从为人上讲是失礼。齐侯必然不会这么做吧？”齐侯听了孔子的话，内心感到愧疚，挥手让莱人军队撤了下去。

过了一会儿，齐国方面演奏宫廷乐舞，歌舞艺人和矮人小丑在国君面前表演歌舞杂技、调笑嬉戏。孔子快步登上台阶，站在第二阶上说：“卑贱的人敢戏弄诸侯国君，罪当斩。请右司马迅速对他们用刑。”于是斩杀了侏儒小丑，砍断手足。齐侯心中恐慌，脸上露出惭愧的神色。

正当齐、鲁两国就要歃血为盟时，齐国在盟书上加了一段话说：“将来齐国发兵远征时，鲁国假如不派三百辆兵车从征，就要按照本盟约规定加以制裁。”孔子让鲁大夫兹无还针锋相对地回应

道："你齐国不归还我汶河以北的属地，而要让鲁国派兵跟从的话，齐国也要按本盟约的条文接受处罚。"

齐侯准备设宴款待鲁定公。孔子对齐大夫梁丘据说："齐、鲁两国的传统礼节，阁下难道没听说过吗？会盟既然已经完成，贵国国君却要设宴款待我国国君，这岂不是徒然烦扰贵国群臣？何况牛形和象形的酒器，按规矩不能拿出宫门，而雅乐也不能在荒野演奏。假如宴席上配备了这些酒器，就是背弃礼仪；假如宴席间一切都很简陋，就如同舍弃五谷而用秕稗。简陋的宴席有伤贵国国君的脸面，背弃礼法贵国就会恶名昭彰，希望您慎重考虑。宴客是为了发扬君主的威德，假如宴会不能发扬威德，倒不如干脆作罢更好。"于是齐国就取消了这次宴会。

齐国国君回到都城，责备群臣说："鲁国的臣子用君子之道辅佐他们的国君，而你们却偏偏用偏僻蛮荒的少数部族的行为方式误导我，招来这些羞辱。”于是，齐国归还了以前侵占鲁国的四座城邑和汶河以北的土地。

【原文】

孔子言于定公曰："家不藏甲[①]，邑无百雉之城[②]，古之制也。今三家[③]过制，请皆损之。"乃使季氏宰仲由隳三都[④]。叔孙不得意于季氏[⑤]，因费宰公山弗扰率费人以袭鲁[⑥]。孔子以公与季孙、叔孙、孟孙入于季氏之宫[⑦]，登武子之台[⑧]。费人攻之，及台侧，孔子命申句须、乐颀勒士众下伐之[⑨]，费人北。遂隳三都之城。强公室，弱私家，尊君卑臣，政化大行。

【注释】

①家：指卿大夫。甲：旧注："甲，铠也。"即武装。

②邑：卿大夫所居城邑。雉：古代计算城墙面积的单位。一雉之墙长三丈，高一丈。旧注："高丈、长丈曰堵，三堵曰雉。"

③三家：指当时鲁国势力很大的权臣季孙、叔孙、孟孙三家。

④宰：卿大夫家臣或采邑长官。仲由：字子路，孔子弟子。隳：毁坏。三都：指费、郈、成三地，分别为季孙、叔孙、孟孙的都城。

⑤叔孙辄：叔孙氏庶子。不得意于季氏："季氏"当作"叔孙氏"，《春秋左传注·定公十二年》杜注："辄不得志于叔孙氏。"即得不到叔孙氏重用。《家语》旧注："不得志于叔孙氏。"

⑥费宰：费城长官。公山弗扰：人名，费城长官。

⑦费氏之宫：费氏住宅。《左传》定公十二年作“入于季氏之宫”。译文从《左传》。

⑧武子之台：旧说台在季氏宅内。

⑨申句须、乐颀：鲁大夫。

【译文】

孔子对鲁定公说：“卿大夫的家中不能私藏兵器铠甲，封地内不能建筑一百雉规模的都城，这是古代的礼制。当前季孙氏、叔孙氏、孟孙氏三家大夫的城邑都逾越了礼制，请您削减他们的势力。”于是派季氏家臣仲由拆除三家大夫的城池——季孙氏的都城费、叔孙氏的都城郈、孟孙氏的都城成。叔孙氏的庶子叔孙辄得不到叔孙氏的器重，联合费城的长官公山弗扰率领费人进攻鲁国都城曲阜。孔子保护着鲁定公，和季孙氏、叔孙氏、孟孙氏三大夫躲入季氏的住宅，登上武子台。费人进攻武子台，攻到台的一侧，孔子命令申句须、乐颀两位大夫统领士卒前去抵挡，费人败退。这样，终于削减了三座都邑的城池。这一行动使鲁国国君的权力得到加强，大夫的势力被削减，国君得到尊崇，臣子地位下降，政治教化措施得到执行。

【原文】

初，鲁之贩羊有沈犹氏者，常朝饮其羊以诈市人。有公慎氏者，妻淫不制。有慎溃氏，奢侈逾法。鲁之鬻六畜者，饰之以储价。及孔子之为政也，则沈犹氏不敢朝饮其羊，公慎氏出其妻，慎溃氏越境而徙。三月，则鬻牛马者不储价，卖羊豚者不加饰，男女行者别其涂，道不拾遗。男尚忠信，女尚贞顺。四方客至于邑者，不求有司，皆如归焉。

【译文】

先前，鲁国有个叫沈犹氏的羊贩子，经常在早晨把羊饮饱了再卖，以欺骗买主。有个叫公慎氏的人，他的妻子与别人淫乱，他也不管不了。有个慎溃氏，奢侈得超过了法度。鲁国贩卖牲口的商人，在牲口身上做手脚从而抬高售价。等到孔子当了司寇，沈犹氏不敢早晨饮羊骗买主，公慎氏把他的妻子赶出家门，慎溃氏越过国境搬走了。过了三个月，贩牛马的商人不敢漫天要价，卖猪羊的商人也不在猪羊身上搞小动作谋取不正当的利润了。男女走在路上，则根据礼法，各走路的一边。路上遗失的东西也没有人私自去捡，占为已有。男人崇尚忠实诚信，女人崇尚贞节温顺。到城里来的四面八方的客旅，不用找管事的，都像回到家一样。

始　诛

【原文】

孔子为鲁司寇①，摄行相事，有喜色。仲由问曰："由闻君子祸至不惧，福至不喜，今夫子得位而喜，何也？"孔子曰："然，有是言也。不曰'乐以贵下人'乎？"于是，朝政七日而诛乱政大夫少正卯②，戮之于两观之下，尸于朝三日③。

子贡进曰："夫少正卯，鲁之闻人。今夫子为政而始诛之，或者为失乎？"孔子曰："居④，吾语汝以其故。天下有大恶者五，而窃盗不与焉。一曰心逆而险，二曰行僻而坚⑤，三曰言伪而辩，四曰记丑而博⑥，五曰顺非而泽。此五者，有一于人，则不免君子之诛，而少正卯皆兼有之。其居处足以撮徒成党⑦，其谈说足以饰衺莹众，其强御足以反是独立⑧。此乃人之奸雄，有不可以不除。夫殷汤诛尹谐，文王诛潘正⑨，周公诛管蔡，太公诛华士⑩，管仲诛付乙，子产诛史何⑪，凡此七子皆异世而同诛者，以七子异世而同恶，故不可赦也。《诗》云：'忧心悄悄⑫，愠于群小。'小人成群，斯足忧矣。"

【注释】

①司寇：主管刑狱的官。

②朝政：执政。少正卯：鲁大夫。和孔子同时讲学。

③尸于朝三日：陈列尸首三天。

④居：坐下。

⑤行僻而坚：行为邪辟而意志坚定。

⑥记丑而博：《荀子》杨倞注："丑，谓怪异之事。"旧注："丑谓非义。"译文采用杨说。

⑦撮徒成党：旧注："撮，聚。"《荀子》作"聚徒成群"。

⑧强御足以反是独立：强暴有势力足以反对正道而独立成家。

⑨"文王"句：文王名姬昌，周武王父，居岐山之下，周朝开始强大，号西伯。"潘正"《荀子·宥

坐》作“潘止”，《说苑·指武》作“潘阯”。事迹不详。

⑩“太公”句：太公即姜太公，姜姓，吕氏，名尚，周文王师。帮助武王灭殷，封于齐。华士：旧注：“士之为人虚伪，亦聚党也。”《韩非子》说他“耕而后食，凿井而饮”，大概是个隐士。

⑪“子产”句：子产名侨，字子产，郑国著名政治家。史何：《荀子·宥坐》作“邓析、史付”，《说苑·指武》作“邓析”。

⑫忧心悄悄：忧心忡忡。

【译文】

孔子做鲁国的大司寇，代理行使宰相的职务，表现出高兴的神色。弟子仲由问他：“我听说君子祸患来临不恐惧，幸运降临也不表现出欢喜。现在您得到高位而流露出欢喜的神色，这是为什么呢？”孔子回答说："对，确实有这样的说法。但不是有'显贵了而仍以谦恭待人为乐事'的说法吗？"就这样，孔子执掌朝政七天就诛杀了扰乱朝政的大夫少正卯，在宫殿门外的两座高台下杀了他，还在朝廷暴尸三日。

孔子弟子子贡向孔子进言："这个少正卯，是鲁国知名的人，现在老师您执掌朝政首先就杀掉他，可能有些失策吧？"孔子回答说："坐下来，我告诉你杀他的缘由。天下称得上大恶的有五种，连盗窃的行为也不包括在内。一是通达事理却又心存险恶，二是行为怪僻而又坚定固执，三是言语虚伪却又能言善辩，四是对怪异的事知道得过多，五是言论错误还要为之润色。这五种大恶，人只要有其中之一恶，就免不了受正人君子的诛杀，而少正卯五种恶行样样都有。他身居一定的权位就足以聚集起自己的势力结党营私，他的言论也足以迷惑众人伪饰自己而得到声

望，他积蓄的强大力量足以叛逆礼制成为异端。这就是人中的奸雄啊！不可不及早除掉。历史上，殷汤杀掉尹谐，文王杀掉潘正，周公杀掉管叔、蔡叔，姜太公杀掉华士，管仲杀掉付乙，子产杀掉史何，这七个人生于不同时代但都被杀了头，原因是七个人尽管所处时代不同，但具有的恶行是一样的，所以对他们不能放过。《诗经》中所说的：‘忧亡心如焚，被群小所憎恶。’如果小人成群，那就足以令人担忧了。”

【原文】

孔子为鲁大司寇[①]，有父子讼者，夫子同狴执之，三月不别。其父请止，夫子赦之焉。

季孙[②]闻之不悦，曰：“司寇欺余，曩告余曰：‘国家必先以孝’。余今戮一不孝以教民孝，不亦可乎？而又赦，何哉？”

冉有[③]以告孔子，子喟然叹曰：“呜呼！上失其道而杀其下，非理也。不教以孝而听其狱，是杀不辜。三军大败，不可斩也；狱犴[④]不治，不可刑也。何者？上教之不行，罪不在民故也。夫慢令谨诛，贼也；征敛无时，暴也。不试责成，虐也。政无此三者，然后刑可即也。《书》[⑤]云：‘义刑义杀，勿庸以即汝心[⑥]，惟曰未有慎事。’言必教而后刑也，既陈道德以先服之，而犹不可，尚贤以劝之；又不可，即废之；又不可，而后以威惮之。若是三年，而百姓正矣。其有邪民不从化者，然后待之以刑，则民咸知罪矣。《诗》[⑦]云：‘天子是毗，

俾民不迷[8]。’是以威厉而不试，刑错[9]而不用。今世则不然，乱其教，繁其刑，使民迷惑而陷焉，又从而制之，故刑弥繁而盗不胜也。夫三尺之限[10]，空车不能登者，何哉？峻故也。百仞之山，重载陟焉，何哉？陵迟故也。今世俗之陵迟久矣，虽有刑法，民能勿逾乎？”

【注释】

①大司寇：鲁有三卿，司空兼司寇，孟孙兼职。司空下有小司寇，孔子似乎是小司寇，《荀子·宥坐》作“孔子为鲁司寇”。

②季孙：鲁桓公子季友后裔，又称季孙氏，三卿之一，司徒兼冢宰。自鲁文公后，季孙行父、季孙宿等都是鲁国实权人物。

③冉有：即冉求，字子有，孔子弟子，季氏家臣。

④狱犴：这里指刑狱。

⑤《书》：这里指《尚书·康诰》，文字有出入。

⑥勿庸以即汝心：旧注：“庸，用也。即，就也。刑教皆当以义，勿用以就汝心之所安。”即不要只求符合你的心意。

⑦《诗》：这里指《诗经·小雅·节南山》。

⑧俾民不迷：旧注：“俾，使也。”迷：迷失。

⑨错：放置。

⑩限：《荀子·宥坐》作“岸”，这里指险阻。

【译文】

孔子做鲁国的大司寇，有父子二人来打官司，孔子把他们羁押在同一间牢房里，过了三个月也不判决。父亲请求撤回诉讼，孔子就把父子二人都放了。

季孙氏听到这件事，很不高兴，说：“司寇欺骗我，从前他曾对我说过：‘治理国家一定要以提倡孝道为先。’现在我要杀掉一个不孝的人来教导百姓遵守孝道，不也可以吗？司寇却又赦免了他们，这是为什么呢？”

冉有把季孙氏的话告诉了孔子，孔子叹息说：“唉！身居上位不按道行事而滥杀百姓，这违背常理。不用孝道来教化民众而随意判决官司，这是滥杀无辜。三军打了败仗，是不能用杀士卒来解决问题的；刑事案件不断发生，是不能用严酷的刑罚来制止的。为什么呢？统治者的教化没有起到作用，罪责不在百姓一方。法律松弛而刑杀严酷，是杀害百姓的行径；随意横征暴敛，是凶恶残酷的暴政；不加以教化而苛求百姓遵守礼法，是残暴的行为。施政中没有这三种弊害，然后才可以使用刑罚。《尚书》说：‘刑杀要符合正义，不能要求都符合自己的心意，断案不是那么顺当的事。’说的是先施教化后用刑罚，先陈说道理使百姓明白敬服。如果还不行，就应该以贤良的人为表率引导鼓励他们；还不行，才放弃种种说教；还不行，才可以用威势震慑他们。这样做三年，而后百姓就会走上正道。其中有些不从教化的顽劣之徒，对他们就可以用刑罚。这样一来百姓都知道什么是犯罪了。《诗经》说：‘辅佐天子，使百姓不迷惑。’能做到这些，就不必用严刑峻法，刑法也可搁

置不用了。当今之世却不是这样，教化紊乱，刑法繁多，使民众迷惑而随时会落入陷阱。官吏又用繁多的刑律来控制约束，所以刑罚越繁盗贼越多。三尺高的门槛，即使空车也不能越过，为什么呢？是因为门槛高的缘故。一座百仞高的山，负载极重的车子也能登上去，为什么呢？因为山是由低到高缓缓升上去的，车就会慢慢登上去。当前的社会风气已经败坏很久了，即使有严刑苛法，百姓能不违反吗？”

王言解

【原文】

孔子闲居，曾参侍①。孔子曰："参乎，今之君子，唯士与大夫之言可闻也。至于君子之言者，希也。於乎！吾以王言之，其不出户牖②而化天下。"

曾子起，下席而对曰："敢问何谓王者言？"孔子不应。曾子曰："侍夫子之闲也难，是以敢问。"孔子又不应。曾子肃然而惧，抠③衣而退，负席而立。

有顷，孔子叹息，顾谓曾子曰："参，汝可语明王之道与？"曾子曰："非敢以为足也，请因所闻而学焉。"

子曰："居，吾语汝！夫道者，所以明德也；德者，所以尊道也。是以非德道不尊，非道德不明。虽有国之良马，不以其道服乘④之，不可以道里。虽有博地众民，不以其道治之，不可以致霸王。是故，昔者明王内修七教⑤，外行三至。七教修，然后可以守；三至行，然后可以征。明王之道，其守也，则必折冲⑥千里之外；其征也，则必还师衽席之上。故曰内修七教而上不劳，外行三至而财不费。此之谓明王之道也。”

曾子曰：“不劳不费之谓明王，可得闻乎？”

孔子曰：“昔者帝舜左禹而右皋陶[7]，不下席而天下治。夫如此，何上之劳乎？政之不中，君之患也；令之不行，臣之罪也。若乃十一而税，用民之力岁不过三日。入山泽以其时而无征，关讥[8]市廛皆不收赋，此则生财之路而明王节之，何财之费乎？”

曾子曰：“敢问何谓七教？”

孔子曰：“上敬老则下益孝，上尊齿则下益悌，上乐施则下益宽，上亲贤则下择友，上好德则下不隐，上恶贪则下耻争，上廉让则下耻节，此之谓七教。七教者，治民之本也。政教定，则本正矣。凡上者，民之表[9]也，表正则何物不正？是故，人君先立仁于己，然后大夫忠而士信，民敦而俗朴。男悫[10]而女贞六者，教之致也，布诸天下四方而不怨，纳诸寻[11]常之室而不塞。等之以礼，立之以义，行之以顺，则民之弃恶如汤之灌雪焉。”

曾子曰：“道则至矣，弟子不足以明之。”

孔子曰：“参以为姑止乎？又有焉。昔者明王之治民也，法必裂地以封之，分属以理之。然后贤民无所隐，暴民无所伏。使有司日省而时考之，进用贤良，退贬不肖，则贤者悦而不肖者惧。哀鳏寡，养孤独，恤贫穷，诱孝悌，选才能。此七者修，则四海之内无刑民矣。上之亲下也，如手足之于腹心矣；下之亲上也，如幼子之于慈母矣。上下相亲如此，故令则从，施则行，民怀其德，近者悦服，远者来附，政之致也。夫布指知寸，布手知尺，舒肘知寻，斯不远之则也。周制，三百步为里，千步而井，三井而埒，埒三而矩，五十里而都，封百里而有国，乃为福积资裘⑫焉，恤行者之有亡。是以蛮夷诸夏⑬，虽衣冠不同，言语不合，莫不来宾。故曰无市而民不乏，无刑而民不乱。田猎罩弋⑭，非以盈宫室也；征敛百姓，非以盈府库也。慄怛以补不足，礼节⑮以损有余。多信而寡貌，其礼可守，其言可復，其迹可履。如饥而食，如渴而饮。民之信之，如寒暑之必验。故视远若迩，非道迩也，见明德也。是故兵革不动而威，用利不施而亲，万民怀其惠。此之谓明王之守，折冲千里之外者也。”

曾子曰：“敢问何谓三至？”

孔子曰：“至礼不让而天下治；至赏不费而天下士悦；至乐无声而天下民和。明王笃行三至，故天下之君可得而知，天下之士可得而臣，天下之民可得而用。”

曾子曰：“敢问此义何谓？”

孔子曰：“古者明王必尽知天下良士之名，既知其名，又知其实，又知其数及其所在焉。然后因天下之爵以尊之，此之谓至礼不让而天下治。因天下之禄以富天下之士，此之谓至赏不费而天下之士悦。如此，则天下之民名誉兴焉，此之谓至乐无声而天下之民和。故曰：所谓天下之至仁者，能合天下之至

亲也。所谓天下之至知者，能用天下之至和者也。所谓天下之至明者，能举天下之至贤者也。此三者咸通，然后可以征。是故仁者莫大乎爱人，智者莫大乎知贤，贤政者莫大乎官能。有土之君修此三者，则四海之内供命而已矣。夫明王之所征，必道之所废者也，是故诛其君而改其政，吊其民而不夺其财。故明王之政，犹时雨之降，降至则民悦矣。是故行施弥博，得亲弥众，此之谓还师衽席之上⑯。”

【注释】

①曾参：春秋鲁人。字子舆，孔子弟子。侍：《大戴礼记》作“得”，意为等到。

②户牖：门窗。

③抠：用手挖。此作提讲。

④服乘：使用，指驾车或骑乘。

⑤七教：指后文所说的敬老、尊齿、乐施、亲贤、好德、恶贪、廉让七种教化。

⑥折冲：使敌人的战车后撤。即击退敌人。

⑦皋陶：也称咎繇。传说为舜的大臣，掌刑狱之事。

⑧关讥：在关口设立界卡检查行旅。

⑨表：表率。

⑩悫：诚实、谨慎。

⑪寻：度量单位，两臂伸开为一寻。

⑫福积资求：积累生活资料。一本“求”作“裘”，《大戴礼记·主言》作“畜积衣裘”。

⑬蛮夷：代指四方少数民族。诸夏：周王室分封的诸国。指中原民族。蛮：古代对南方少数民族的贬称。夷：古代对东方少数民族的贬称。

⑭罩：捕鱼或鸟的竹器。弋：以绳系箭而射。旧注：“罩，鱼笼，掩网。弋，缴射也。”

⑮礼节：以礼来节制。

⑯衽席之上：旧注：“言安安而无忧也。”衽席：座席。

【译文】

孔子在家闲居，弟子曾参在身边陪侍。孔子说：“曾参啊！当今身居高位的人，只能听到士和大夫的言论，至于那些有高尚道德君子的言论，就很少听到了。唉，我若把成就王业的道理讲给居高位的人听，他们不出门户就可以治理好天下了。”

曾参谦恭地站起来，走下座席问孔子：“请问先生，什么是成就王业的道理呢？”孔子不回答。曾参又说：“先生您有空闲的时候也难，所以才敢大胆向您请教。”孔子又不回答。曾参紧张而害怕，提起衣襟退下去，站在座位旁边。

过了一会儿，孔子叹息了一声，回头对曾参说：“曾参啊！大概可以对你谈谈古代明君治国之道吧！”曾参回答说：“我不敢认为自己有了足够的知识能听懂您谈治国的道理，只是想通过听您的谈论来学习。”

孔子说：“你坐下来，我讲给你听。所谓道，是用来彰明德行的。德，是用来尊崇道义的。所以没有德行，道义不能被尊崇；没有道义，德行也无法发扬光大。即使有一国之内最好的马，如果不能按照正确的方法来使用骑乘，它就不可能在道路上奔跑。一个国家即

使有广阔的土地和众多的百姓，如果国君不用正确的方法来治理，也不可能成为霸主或成就王业。因此，古代圣明的国君在内实行‘七教’，对外实行‘三至’。‘七教’修成，就可以守卫国家；‘三至’实行，就可以征伐外敌。圣明国君的治国之道，守卫国家，一定能击败千里之外的敌人；对外征伐，也一定能得胜还朝。因此说，在内实行‘七教’，国君就不会因政事而烦劳；对外实行‘三至’，就不至于劳民伤财。这就是所说的古代明王的治国之道。”

曾参问道：“不为政事烦劳、不劳民伤财叫作明君，其中的道理可以讲给我听听吗？”

孔子说：“古代帝舜身边有两个得力臣子禹和皋陶，他不用走下座席天下就治理好了。这样，国君还有什么烦劳呢？国家政局不安，是国君最大的忧患；政令不能推行是臣子的罪责。如果实行十分之一的税率，民众服劳役一年不超过三天，让百姓按季节进入山林湖泊伐木渔猎而不滥征税，交易场所也不滥收赋税，这些都是生财之路，而圣明的君主节制田税和使用民力，怎么还会浪费财力呢？”

曾参问：“敢问什么是七教呢？”

孔子回答说：“居上位的人尊敬老人，那么下层百姓会更加遵行孝道；居上位的人尊敬比自己年长的人，下层百姓会更加敬爱兄长；居上位的人乐善好施，下层百姓会更加宽厚；居上位的人亲近贤人，百姓就会择良友而交；居上位的人注重道德修养，百姓就不会隐瞒自己的观点；居上位的人憎恶贪婪的行为，百姓就会以争利为耻；居上位的人讲廉洁谦让，百姓就会以不讲气节德操为耻。这就是所说的七种教化。这七教，是治理民众的根本。政治教化的原则确定了，那治民的根本就是正确的。凡是身

居上位的人，都是百姓的表率，表率正还有什么不正的呢？因此国君首先能做到仁，然后大夫也就会做到忠于国君，而士也就能做到讲信义，民心敦厚民风淳朴，男人诚实谨慎女子忠贞不贰。这六个方面，是教化导致的结果。这样的教化散布天下四方而不会产生怨恨情绪，用来治理普通家庭而不会遭到拒绝。用礼来区分人的等级尊卑，以道义立身处世，遵照礼法来行事，那么百姓放弃恶行就如同用热水浇灌积雪一样了。”

曾参又说：“这样的治国方法确实是最好的了，只是我不足以进一步深入理解它。”

孔子说：“你以为这些就够了吗？还有呢！古代圣明的君主治理百姓，按照法规，一定要把土地分封下去，分别派官吏来治理。这样，贤良的人不会被埋没，顽劣的暴民也无处隐藏。派主管官员经常视察定时考核，进用贤良的人，罢免贬斥才能品德差的官员。这样一来，贤良的人就会愉快，而才能品德差的官员就会害怕。怜悯无妻或丧妻的老年男子和无夫或丧夫的老年妇女，抚养幼年失父的孤儿和老年无子的人，同情穷苦贫困的人，诱导百姓孝敬父母尊重兄长，选拔有才能的人。一个国家做到这七个方面，那么四海之内就没有犯罪的人了。身居上位的人爱护百姓，如同手足爱护腹心；那么百姓爱戴居上位者，也如同幼儿对待慈母。上下能如此相亲，上面的命令百姓就会听从，措施也得以推行，民众会感怀他的德政，身边的人会心悦诚服，远方的人会来归附，这真是政治所达到的最高境界。伸开手指可以知道寸的长短，伸开手可以知道尺的长短，展开肘臂可以知道寻有多长，这是近在身边的准则。周代的制度以三百步为一里，一千步见方为一井，三井合为一埒，三埒成

为一矩，五十里的疆域可以建大城市，分封百里的土地可以建国都，这是为了积蓄生活所需的物品，让安居的人帮助居无定所的人。因此，偏远地方的少数民族，虽然服装不同，言语不通，没有不归附的。所以说，没有市场交易百姓也不缺乏生活用品，没有严刑峻法社会秩序也不会混乱。捕猎野兽鱼鳖不是为了充盈宫室，征敛赋税也不是为了充实国库，这样精心地准备是为了补救灾年的不足，用礼节来防范淫逸奢靡。多一些诚信少一些文饰，礼法就会得到遵守，国君的话百姓就会听信，国君的行为就会成为百姓的表率。国君和百姓的关系就像饿了要吃饭，渴了要喝水一样；百姓信任国君就像相信寒来暑往的规律一样。国君离百姓虽远，可觉得就像在身边一样，这不是距离近，而是四海之内都可看到圣明的德政。所以不动用武力就有威慑之力，不必赏赐财物臣民自然亲附，天下百姓都感受国君的恩惠。这就是所说的圣明国君守御国家的方法，也是能打败千里之外敌人的原因。”

曾参又问：“敢问什么是三至呢？”

孔子回答说：“最高的礼节是不谦让而天下得到治理，最高的奖赏是不耗费财物而天下的士人都很高兴，最美妙的音乐是没有声音而使百姓和睦。圣明的国君努力做到这三种极致，就可以知道谁是能治理好天下的国君，天下的士人都可以成为他的臣子，天下的百姓都能为他所用。”

曾参问：“敢问这是什么意思呢？”

孔子回答说：“古代圣明的国君必定知道天下所有贤良士人的名字，既知道他们的名字，又知道他们的实际才能，还知道他们的人数，以及他们所住的地方，然后把天下的爵位封给他们使他们得到尊崇，这就是最高的礼节，不谦让而天下得到治理。用天下的禄位使天

下的士人得到富贵，这就是最高的奖赏，不耗费财物而天下的士人都会高兴。如此，天下的人就会重视名誉，这就是最美妙的音乐没有声音而使百姓和睦。所以说，天下最仁慈的人，能亲和天下至亲的人；天下最明智的人，能任用天下使百姓和睦的人；天下最英明的人，能任用天下最贤良的人。这三方面都做到了，然后可以向外征伐。因此，仁慈者莫过于爱护人民，有智者莫过于知道贤人，善于执政的君主莫过于选拔贤能的官吏。拥有疆土的国君能做到这三点，那么天下的人都可以与他同呼吸共命运了。圣明君主征伐的国家，必定是礼法废弛的国家。所以要杀掉他们的国君来改变这个国家的政治，抚慰这个国家的百姓而不掠夺他们的财物。因此圣明君主的政治就像及时雨，降下百姓就欢愉。所以，他的教化施行的范围越广博，得到亲附的民众越多，这就是军队出征能得胜还朝的原因。”

大婚解

【原文】

孔子侍坐于哀公[①]，公曰："敢问人道孰为大？"

孔子愀然作色而对曰[②]："君之及此言也，百姓之惠也，固臣敢无辞而对。人道政为大。夫政者，正也。君为正，则百姓从而正矣。君之所为，百姓之所从。君不为正，百姓何所从乎！"

公曰："敢问为政如之何？"

孔子对曰："夫妇别，男女亲，君臣信[③]。三者正，则庶物从之。"

公曰："寡人虽无能也，愿知所以行三者之道，可得闻乎？"

孔子对曰："古之政，爱人为大；所以治爱人，礼为大；所以治礼，敬为大；敬之至矣，大婚为大。大婚至矣，冕而亲迎者。敬之也。是故君子兴敬为亲，舍敬则是遗亲也。弗亲弗敬，弗尊也。爱与敬，其政之本与？"

公曰："寡人愿有言也。然冕而亲迎，不已重乎？"

孔子愀然作色而对曰："合二姓之好，以继先圣之后，以为天下宗庙社稷之主，君何谓已重乎？"

公曰："寡人实固[④]，不固安得闻此言乎！寡人欲问，不能为辞，请少进。"

孔子曰："天地不合，万物不生。大婚，万世之嗣也，君何谓已重乎？"孔子遂言曰："内以治宗庙之礼，足以配天地之神[⑤]；出以治直言之礼，足以立上下之敬。物耻则足以振之，国耻则足以兴之。故为政先乎礼，礼其政之本与！"孔子遂言曰："昔三代明王，必敬妻子也，盖有道焉。妻也者，亲之主也。子也者，亲之后也。敢不敬与？是故，君子无不敬。敬也者，敬身为大。身也者，亲之枝也，敢不敬与？不敬其身，是伤其亲；伤其亲，是伤其本也；伤其本，则枝从之而亡。三者，百姓之象[⑥]也。身以及身，子以及子，妃以及妃，君以修此三者，则大化忾乎天下矣，昔太王之道也。如此，国家顺矣。"

公曰："敢问何谓敬身？"

孔子对曰："君子过言[7]则民作辞，过行则民作则。言不过辞，动不过则，百姓恭敬以从命。若是则可谓能敬其身，敬其身则能成其亲矣。"

公曰："何谓成其亲？"

孔子对曰："君子者也，乃人之成名也。百姓与名谓之君子，则是成其亲为君而为其子也。"孔子遂言曰："爱政而不能爱人，则不能成其身；不能成其身，则不能安其土；不能安其土，则不能乐天；不能乐天，则不能成身。"

公曰："敢问何能成身？"

孔子对曰："夫其行己不过乎物，谓之成身。不过乎物，合天道也。"

公曰："君子何贵乎天道也？"

孔子曰："贵其不已也。如日月东西相从而不已也，是天道也；不闭而能久，是天道也；无为而物成，是天道也；已成而明之，是天道也。"

公曰："寡人且愚冥，幸烦子之于心。"

孔子蹴然避席而对曰："仁人不过乎物，孝子不过乎亲。是故仁人之事亲也如事天，事天如事亲，此谓孝子成身。"

公曰："寡人既闻如此言也，无如后罪何[8]？"

孔子对曰："君之及此言，是臣之福也。"

【注释】

①哀公：鲁定公之子，名将。

②愀然：忧惧貌。作色：变了脸色。

③君臣信：《礼记·哀公问》作“君臣严”。《大戴礼·哀公问于孔子》作“君臣义”。

④固：鄙陋。这是哀公自谦之词。

⑤足以配天地之神：此指宗庙是仅次于天地的神，即能和天地之神相配。

⑥百姓之象：此指百姓会按照国君的做法去做。象：形貌，样子。旧注：“言百姓之所法而行。”

⑦过言：言辞错误。

⑧无如后罪何：将来出了过错怎么办呢？旧注：“言寡过之难也。”

【译文】

孔子陪鲁哀公坐着说话，哀公问道：“请问治理民众的措施中，什么最重要？”

孔子的神色变得严肃起来，回答道：“您能谈到这个问题，真是百姓的幸运了，所以为臣敢不加推辞地回答这个问题。在治理民众的措施中，政事最重要。所谓政，就是正。国君做得正，那么百姓也就跟着做得正了。国君的所作所为，百姓是要跟着学的。国君做得不正，百姓跟他学什么呢？”

哀公问：“请问如何治理政事呢？”

孔子回答说：“夫妇要有别，男女要相亲，君臣要讲信义。这三件事做好了，那么其他的事就可以做好了。”

哀公说：“我虽然没有才能，但还是希望知道实行这三件事的方法，可以说给我听听吗？”

孔子回答说：“古人治理政事，爱人最为重要；要做到爱人，施行礼仪最重要；要施行礼仪，恭敬最为

重要；最恭敬的事，以天子诸侯的婚姻最为重要。结婚的时候，天子诸侯要穿上冕服亲自去迎接。亲自迎接，是表示敬慕的感情。所以君子要用敬慕的感情和她相亲相爱。如果没有敬意，就是遗弃了相爱的感情。不亲不敬，双方就不能互相尊重。爱与敬，大概是治国的根本吧！”

哀公说：“我还想问问您，天子诸侯穿冕服亲自去迎亲，不是太隆重了吗？”

孔子脸色更加严肃地回答说：“婚姻是两个不同姓氏的和好，以延续祖宗的后嗣，使之成为天地、宗庙、社稷祭祀的主人。您怎么能说太隆重了呢？”

哀公说：“我这个人很浅陋，不浅陋，怎能听到您这番话呢？我想问，又找不到合适的言辞，请慢慢给我讲一讲吧。”

孔子说：“天地阴阳不交合，万物就不会生长。

天子诸侯的婚姻，是诞生使社稷延续万代的后嗣的大事，怎么能说太隆重了呢？”孔子接着又说：“夫妇对内主持宗庙祭祀的礼仪，足以与天地之神相配；对外掌管发布政教号令，能够确立君臣上下之间的恭敬之礼。事情不合礼可以改变，国家有丧乱可以振兴。所以治理政事先要有礼，礼不就是执政的根本吗？”孔子继续说：“从前夏商周三代圣明的君主治理政事，必定敬重他们的妻子，这是有道理的。妻子是祭祀宗祧的主体，儿子是传宗接代的人，能不敬重吗？所以君子对妻儿没有不敬重的。敬这件事，敬重自身最为重要。自身，是亲人的后代，能够不敬重吗？不敬重自身，就是伤害了亲人；伤害了亲人，就是伤害了根本；伤害了根本，支属就要随之灭绝。自身、妻子、儿女这三者，百姓也像国君一样都是有的。由自身想到百姓之身，由自已的儿子想到百

姓的儿子，由自己的妻子想到百姓的妻子，国君能做到这三方面的敬重，那么教化就通行天下了，这是从前太王实行的治国方法。能够这样，国家就顺畅了。”

哀公问：“请问什么是敬重自身？”

孔子回答说：“国君说错了话民众就跟着说错话，做错了事民众就跟着效法。君主不说错话，不做错事，百姓就会恭恭敬敬地服从国君的号令了。如果能做到这点，就可以说能敬重自身了，这样就能成就其亲人了。”

哀公问：“什么是成就其亲人？”

孔子回答道：“所谓君子，就是有名望的人。百姓送给他的名称，称作君子，就是称他的亲人为有名望的人，而他是有名望人的儿子。”孔子接着说：“只注重政治而不能爱护民众，就不能成就自身；不能成就自身，就不能使自己的国家安定；不能使自己的国家安定，就不能无忧无虑。不能无忧无虑，就不能成就自身”

哀公问：“请问怎么做才能成就自身？”

孔子回答说：“自己做任何事都合乎常理不越过界限，就可以说成就自身了。不逾越常理，就是合乎天道。”

哀公问：“请问君子为何尊重天道呢？”

孔子回答说：“尊重它是因为它不停顿地运行，就像太阳月亮每天东升西落一样，这就是天道；运行无阻而能长久，这也是天道；不见有所作为而万物发育成长，这也是天道；成就了自己而功业也得到显扬，这也是天道。”

哀公说：“我实在愚昧，幸亏您耐心地给我讲这些道理。”

孔子恭敬地离开座席回答说："仁人不能逾越事物的自然法则，孝子不能超越亲情的规范。因此仁人侍奉父母，就如同侍奉天一样；侍奉天，就如同侍奉父母一样。这就是所说的孝子成就自身。"

哀公说："我既然听到了这些道理，将来还会有过错怎么办呢？"

孔子说："您能说出这样的话，这是臣下的福分啊！"

儒行解

【原文】

孔子在卫[①]，冉求言于季孙曰：“国有圣人而不能用，欲以求治，是犹却步而欲求及前人，不可得已。今孔子在卫，卫将用之。已有才而以资邻国，难以言智也，请以重币[②]求之。”季孙以告哀公，公从之。

孔子既至，舍哀公馆焉。公自阼阶[③]，孔子宾阶，升堂立侍。

公曰：“夫子之服，其儒服与？”

孔子对曰：“丘少居鲁，衣逢掖之衣[④]。长居宋，冠章甫之冠。丘闻之，君子之学也博，其服以乡，丘未知其为儒服也。”

公曰：“敢问儒行？”

孔子曰：“略言之，则不能终其物；悉数之，则留更仆[⑤]未可以对。”

哀公命席，孔子侍坐，曰：“儒有席上之珍以待聘，夙夜强学以待问，怀忠信以待举，力行以待取。其自立有如此者。”

“儒有衣冠中，动作顺，其大让如慢，小让如伪。大则如威，小则如愧。难进而易退，粥粥若无能也。其容貌有如此者。”

“儒有居处齐难[6]，其起坐恭敬，言必诚信，行必忠正。道涂不争险易之利，冬夏不争阴阳之和。爱其死以有待也，养其身以有为也。其备预有如此者。”

“儒有不宝金玉而忠信以为宝，不祈土地而仁义以为土地，不求多积而多文以为富。难得而易禄也，易禄而难畜[7]也。非时不见，不亦难得乎？非义不合，不亦难畜乎？先劳而后禄，不亦易禄乎？其近人情有如此者。”

“儒有委之以财货而不贪，淹之以乐好而不淫，劫之以众而不惧，阻之以兵而不慑。见利不亏其义，见死不更其守。往者不悔，来者不豫。过言不再，流言不极[8]。不断其威，不习其谋，其特立有如此者。”

“儒有可亲而不可劫，可近而不可迫，可杀而不可辱。其居处不过，其饮食不溽，其过失可微辩而不可面数也。其刚毅有如此者。”

“儒有忠信以为甲胄，礼义以为干橹[9]，戴仁而行，抱德而处，虽有暴政，不更其所。其自立有如此者。”

“儒有一亩之宫，环堵之室[10]，荜门圭窬，蓬户瓮牖[11]。易衣而出，并日而食。上答之，不敢以疑；上不答之，不敢以谄。其仕有如此者。”

“儒有今人以居，古人以稽[12]；今世行之，后世以为楷。若不逢世，上所不受，下所不推，谗谄之民有比党而危之，身可危也，其志不可夺也；虽危犹起居，竟身其志，乃不忘百姓之病也。其忧思有如此者。”

“儒有博学而不穷，笃行而不倦，幽居而不淫，上通而不困。礼必以和，优游[13]以法，慕贤而容众，毁方而瓦合。其宽裕有如此者。”

“儒有内称不避亲，外举不避怨。程功积事[14]，不求厚禄。

推贤达能，不望其报。君得其志，民赖其德。苟利国家，不求富贵。其举贤援能有如此者。”

“儒有澡身浴德，陈言而伏。静言而正之，而上下不知也。默而翘之⑮，又不急为也。不临深而为高，不加少而为多。世治不轻，世乱不沮⑯。同已不与，异已不非。其特立独行有如此者。”

“儒有上不臣天子，下不事诸侯，慎静尚宽，底厉廉隅。强毅⑰以与人，博学以知服。虽以分国，视之如锱铢⑱，弗肯臣仕。其规为有如此者。”

“儒有合志同方，营道同术。并立则乐，相下不厌。久别则闻流言不信，义同而进，不同而退。其交有如此者。”

“夫温良者，仁之本也，慎敬者，仁之地也，宽裕者，仁之作也；逊接者，仁之能也，礼节者，仁之貌也；言谈者，仁之文也，歌乐者，仁之和也，分散者，仁之施也。儒皆兼此而有之，犹且不敢言仁也。其尊让有如此者。”

“儒有不陨获于贫贱，不充诎⑲于富贵，不溷君王，不累长上，不闵有司，故曰儒。今人之名儒也妄，常以儒相诟疾。”

哀公既得闻此言也，言加信，行加敬，曰：“终没吾世，弗敢复以儒为戏矣！”

【注释】

①卫：春秋时国名。周武王弟康叔封地。治所在今河北南部、河南北部一带。

②重币：丰厚的礼物。指贵重的玉、帛、马匹等物品。

③阼阶：东阶。古代以阼为主人之位。

④逢掖之衣：宽袖之衣，古代儒者所穿的服装。

⑤留仆：使太仆长时间侍奉，以致疲倦。指时间长。

⑥齐难：庄重严肃。旧注：“齐庄可畏难也。”

⑦难畜：难以留住。畜：容留。

⑧流言不极：对流言不追根问底。极：极点，极限。

⑨干橹：盾。小盾为干，大盾为橹。

⑩环堵之室：旧注：“方丈曰堵，一堵言其小者也。”

⑪蓬户瓮牖：用蓬草编门，以破瓮之口做窗户。

⑫稽：旧注：“稽，同。”

⑬优游：平和自在。旧注：“和也。”

⑭程功积事：度量功绩，积累事实。

⑮默而翘之：默默地翘首等待。

⑯不沮：不沮丧。

⑰强毅：刚强坚毅。

⑱锱铢：比喻微小的东西。锱铢：古代重量单位，六铢为一锱，四锱为一两。

⑲充诎：自满而失去节制。

【译文】

孔子在卫国，冉求对季孙氏说：“国家有圣人却不能用，这样想治理好国家，就像倒着走而又想赶上前面的人一样，是不可能的。现在孔子在卫国，卫国将要任用他，我们自己有人才却去帮助邻国，难以说是明智之举。请您用丰厚的聘礼把他请回来。”季孙氏把冉求的建议禀告了鲁哀公，鲁哀公听从了这一建议。

孔子回到鲁国，住在鲁哀公招待客人的馆舍里。哀公从大堂东面的台阶走上来迎接孔子，孔子从大堂西面的台阶上来拜见哀公，然后到大堂里，孔子站着陪哀公说话。

鲁哀公问孔子说：“先生穿的衣服，是儒者的服装吗？”

孔子回答说：“我小时候住在鲁国，穿的是宽袖的衣服；长大后住在宋国，戴的是缁布做的礼冠。我听说，君子学问要广博，穿衣服要随其乡俗。我不知道这是不是儒者的服装。”

鲁哀公问：“请问儒者的行为是什么样的呢？”

孔子回答说：“粗略地讲讲，不能把儒者的行为讲完；如果详细地讲，讲到侍御的人侍奉以致疲倦也

难以讲完。”

鲁哀公让人设席，孔子陪坐在旁边，说：“儒者如同席上的珍品等待别人来采用，昼夜不停地学习等待别人来请教，心怀忠信等待别人举荐，努力做事等待别人录用。儒者自修立身就是这样的。”

“儒者的衣冠周正，行为谨慎，对大事推让好像很傲慢，对小事推让好像很虚伪。做大事时神态慎重像心怀畏惧，做小事时小心谨慎像不敢去做。难于进取而易于退让，柔弱谦恭像是很无能的样子。儒者的容貌就是这样的。”

“儒者的起居庄重谨慎，坐立行走恭敬，讲话一定诚信，行为必定中正。在路途不与人争好走的路，冬夏之季不与人争冬暖夏凉的地方。不轻易赴死以等待值得牺牲生命的事情，保养身体以期待有所作为。儒者预先准备就是这样的。”

“儒者宝贵的不是金玉而是忠信，不谋求占有土地而把仁义当作土地，不求积蓄很多财富而把学问广博作为财富。儒者难以得到却容易供养，容易供养却难以留住。不到适当的时候不会出现，不是很难得吗？不正义的事情就不合作，不是很难留住他们吗？先效力而后才要俸禄，不是很容易供养吗？儒者近乎人情就是这样的。”

“儒者对于别人委托的财货不会有贪心，身处玩乐之境而不会沉迷，众人威逼也不惧怕，用武力威胁也不会恐惧。见利不会忘义，见死不改操守。遇到猛禽猛兽的攻击不度量自己的力量而与之搏斗，推举重鼎不度量自己的力量尽力而为。对过往的事情不追悔，对未来的事情不疑虑。错话不说两次，流言不去追究。时常保持威严，不学习什么权谋。儒者的特立独行就是这样的。”

“儒者可以亲近而不可以胁迫，可以接近而不可以威逼，可以杀头而不可侮辱。他们的居处不奢侈，他们的饮食不丰厚，他们的过失可以委婉地指出不可以当面数落。儒者的刚强坚毅就是这样的。”

“儒者以忠信作为铠甲，以礼仪作为盾牌，心中想着仁去行动，怀抱着义来居处，即使遇到暴政，也不改变操守。儒者的自立就是这样的。”

“儒者有一亩地的宅院，居住着一丈见方的房间，荆竹编的院门狭小如洞，用蓬草编作房门，用破瓮口作为窗框。外出时才换件遮体的衣服，一天的饭并为一顿吃。君上采纳他的建议，不敢产生怀疑；君上不采纳他的建议，也不敢谄媚求进。儒者做官的原则就是这样的。”

“儒者与今人一起居住，而以古人的道德标准要求自己；儒者今世的行为，可以作为后世的楷模。如果生不逢时，上面没人援引，下面没人推荐，进谗谄媚的人又合伙来陷害他，只可危害他的身体，而不可剥夺他的志向。虽然能危害他的生活起居，最终他还要施展自己的志向抱负，仍将不忘百姓的痛苦。儒者的忧思就是这样的。”

“儒者广博地学习而无休止，专意实行而不倦怠，独处时不放纵自己，通达于上时不离道义。遵循以和为贵的原则，悠然自得而有节制。仰慕贤人而容纳众人，有时可削减自己的棱角而依随众人。儒者的宽容大度就是这样的。”

“儒者举荐人才，对内不避亲属，对外不避有仇怨的人。度量功绩，积累事实，不谋求更高的禄位。推荐贤能而进达于上，不祈望他们的报答。国君满足了用贤的愿望，百姓依仗他的仁德。只要有利于国家，不贪图个人的富贵。儒者的举贤荐能就是这样的。”

“儒者沐身心于道德之中，陈述自己的意见而伏听君命。平静地纠正国君的过失，君上和臣下都难以觉察。默默地等待，不急于去做。不在地位低下的人面前显示自己高明，不把少的功劳夸大为多。国家大治的时候，群贤并处而不自轻；国家混乱的时候，坚守正道而不沮丧。不和志向相同的人结党，也不诋毁和自己政见不同的人。儒者的特立独行就是这样的。”

“儒者中有这样一类人，对上不做天子的臣下，对下不事奉诸侯，谨慎安静而崇尚宽厚，磨炼自己端方正直的品格。待人接物刚强坚毅，广博地学习而又知所当行。即使把国家分给他，他也看作锱铢小事，不肯做别人的臣下和官吏。儒者规范自己的行为就是这样的。”

“儒者交朋友，要志趣相合，方向一致，营求道艺，路数相同。地位相等都高兴，地位互有上下彼此也不厌弃。久不相见，听到对方的流言蜚语绝不相信。志向相同就进一步交往，志向不同就退避疏远。儒者交朋友的态度就是这样的。”

“温和善良是仁的根本，恭敬谨慎是仁的基础，宽宏大量是仁的开始，谦逊待人是仁的功能，礼节是仁的外表，言谈是仁的文采，歌舞音乐是仁的和谐，分散财物是仁的施与。儒者兼有这几种美德，还不敢说已经做到仁了。儒者的恭敬谦让就是这样的。”

“儒者不因贫贱而灰心丧气，不因富贵而得意忘形。不玷辱君王，不拖累长上，不给有关官吏带来困扰，因此叫作儒。现今人们对儒这个名称的理解是虚妄不实的，经常被人称作儒来相互讥讽。”

鲁哀公听到这些话后，自己说话更加守信，行为更加严肃，说：“直到我死，再不敢拿儒者开玩笑了。”

问　礼

【原文】

哀公问于孔子曰："大礼[①]何如？子之言礼，何其尊也？"孔子对曰："丘也鄙人，不足以知大礼也。"公曰："吾子言焉！"

孔子曰："丘闻之，民之所以生者，礼为大。非礼则无以节事天地之神焉，非礼则无以辨君臣上下长幼之位焉，非礼则无以别男女父子兄弟婚姻亲族疏数之交焉。是故君子此为之尊敬，然后以其所能教顺百姓所能，不废其会节[②]。既有成事，而后治其文章黼黻，以别尊卑上下之等。其顺之也，而后言其丧祭之纪[③]，宗庙之序，品其牺牲[④]，设其豕腊，修其岁时，以敬祭祀，别其亲疏，序其昭穆[⑤]，而后宗族会宴，即安其居，以缀恩义。卑其宫室，节其服御[⑥]，车不雕玑，器不雕镂[⑦]，食不二味，心不淫志，以与民同利。古之明王行礼也如此。"

公曰："今之君子胡莫之行也？"

孔子对曰："今之君子，好利无厌，淫行不倦，荒怠慢游，固[8]民是尽。以遂其心，以怨其政，以忤其众，以伐有道。求得当欲，不以其所；虐杀刑诛，不以其治。夫昔之用民者由前，今之用民者由后，是即今之君子莫能为礼也。"

【注释】

①大礼：隆重的礼仪。

②会节：意指最重要的礼和最高的界限。

③丧祭：葬后的祭礼。纪：法度规矩。

④牺牲：供祭祀用的牲畜。

⑤昭穆：古代宗法制度，宗庙或墓地的辈次排列。以始祖居中，二世、四世、六世位于始祖左方，称昭；三世、五世、七世位于右方，称穆，用来分别宗族内部的长幼、亲疏和远近。

⑥节其服御：节省日常用度。服御：衣服车马之类。

⑦影镂：雕刻，刻镂。

⑧固：坚持，一定。

【译文】

鲁哀公向孔子请教说："隆重的礼仪是什么样的？您为什么把礼说得那么重要呢？"孔子回答道：

“我是个鄙陋的人，不足以了解隆重的礼节。”鲁哀公说：“您还是说说吧！”

孔子回答道：“我听说，在民众生活中，礼仪是最重要的。没有礼就不能有节制地侍奉天地神灵，没有礼就无法区别君臣、上下、长幼的地位，没有礼就不能分别男女、父子、兄弟的亲情关系以及婚姻亲族交往的亲疏远近。所以，君主把礼看得非常重要，认识到这一点以后，用他所了解的礼来教化引导百姓，使他们懂得礼的重要和礼的界限。等到礼的教化卓有成效之后，才用文饰器物和礼服来区别尊卑上下。百姓顺应礼的教化后，才谈得上丧葬祭祀的规则、宗庙祭祀的礼节。安排好祭祀用的牺牲，布置好祭神祭祖用的干肉，每年按时举行严肃的祭礼，以表达对神灵、先祖的崇敬之心，区别血缘关系的亲疏，排定昭穆的次序。祭祀以后，亲属在一起饮宴，依序坐在应坐的位置上，以联结彼此的亲情。住低矮简陋的居室，穿俭朴无华的衣服，车辆不加雕饰，器具不刻镂花纹，饮食不讲究滋味，内心没有过分的欲望，和百姓同享利益。以前的贤明君主就是这样讲礼节的。”

鲁哀公问：“现在的君主为什么没有人这样做了呢？”

孔子回答说：“现在的君主贪婪爱财没有满足的时候，放纵自己的行为不感到厌倦，放荡懒散而又态度傲慢，固执地搜刮尽人民的资财。为满足自己的欲望，不顾招致百姓的怨恨，违背众人的意志，去侵犯政治清明的国家。只求个人欲望得到满足而不择手段，残暴地对待人民而肆意刑杀，不设法使国家得到治理。以前的君主统治民众是用前面说的办法，现在的君主统治民众是用后面说的办法。这说明现在的君主不能修明礼教。”

五仪解

【原文】

哀公问于孔子曰："寡人欲论鲁国之士，与之为治，敢问如何取之？"

孔子对曰："生今之世，志古之道；居今之俗，服古之服。舍此[①]而为非者，不亦鲜乎？"

曰："然则章甫绚履、绅带缙笏者，皆贤人也？"

孔子曰："不必然也。丘之所言，非此之谓也。夫端衣玄裳[②]，冕而乘轩者，则志不在于食荤；斩衰菅菲[③]，杖而歠粥者，则志不在于酒肉。生今之世，志古之道；居今之俗，服古之服，谓此类也。"

公曰："善哉！尽此而已乎？"

孔子曰："人有五仪[④]，有庸人，有士人，有君子，有贤人，有圣人。审此五者，则治道毕矣。"

公曰："敢问何如，斯可谓之庸人？"

孔子曰："所谓庸人者，心不存慎终之规，口不吐训格[⑤]

之言，不择贤以托其身，不力行以自定。见小暗大，而不知所务；从物如流，不知其所执。此则庸人也。”

公曰：“何谓士人？”

孔子曰：“所谓士人者，心有所定，计有所守，虽不能尽道术[⑥]之本，必有率也；虽不能备百善之美，必有处也。是故智不务多，必审其所知；言不务多，必审其所谓；行不务多，必审其所由。智既知之，言既道之，行既由之，则若性命之形骸[⑦]之不可易也。富贵不足以益，贫贱不足以损。此则士人也。”

公曰：“何谓君子？”

孔子曰：“所谓君子者，言必忠信而心不怨，仁义在身而色无伐，思虑通明而辞不专。笃行信道，自强不息。油然[⑧]若将可越，而终不可及者。君子也。”

公曰：“何谓贤人？”

孔子曰：“所谓贤人者，德不逾闲，行中规绳[⑨]。言足以法于天下而不伤于身，道足以化于百姓而不伤于本。富则天下无宛财，施则天下不病贫。此则贤者也。”

公曰：“何谓圣人？”

孔子曰：“所谓圣人者，德合于天地，变通无方。穷万事之终始，协庶品之自然，敷其大道而遂成情性。明并日月，化行若神。下民不知其德，睹者不识其邻。此谓圣人也。”

公曰：“善哉！非子之贤，则寡人不得闻此言也。虽然，寡人生于深宫之内，长于妇人之手，未尝知哀，未尝知忧，未尝知劳，未尝知惧，未尝知危，恐不足以行五仪之教。若何？”

孔子对曰：“如君之言，已知之矣，则丘亦无所闻焉。”

公曰：“非吾子，寡人无以启其心。吾子言也。”

孔子曰：“君子入庙，如右[10]，登自阼阶，仰视榱桷，俯察几筵[11]，其器皆存，而不睹其人。君以此思哀，则哀可知矣。昧爽夙兴，正其衣冠；平旦[12]视朝，虑其危难。一物失理，乱亡之端。君以此思忧，则忧可知矣。日出听政，至于中冥。诸侯子孙，往来为宾。行礼揖让，慎其威仪。君以此思劳，则劳亦可知矣。缅然⑬长思，出于四门，周章远望，睹亡国之墟，必将有数焉。君以此思惧，则惧可知矣。夫君者，舟也；庶人者，水也。水所以载舟，亦所以覆舟。君以此思危，则危可知矣。君既明此五者，又少留意于五仪之事，则于政治何有失矣！”

【注释】

①舍此：意为处于这种境况的人，有此种作为的人。

②端衣玄裳：指穿着礼服。端衣：古代祭祀时所穿的礼服。玄：黑红色。

③斩衰：古代丧服，用粗麻布做成，不缝边。菅菲：据《荀子·哀公》当作“菅屦”，草鞋。

④五仪：五个等次。

⑤训格：规范，典范。

⑥道术：道德学术。

⑦形骸：人的形体、躯壳。

⑧油然：从容安闲的样子。

⑨规绳：指规范、法则。规：校正圆形的用具。绳：木工用的墨线。

⑩君入庙，如右：君：指国君。如右：《荀子·哀

公》作“而右”，指从右边走。古人以右为尊。

⑪机筵：筵席。也作“几筵”。

⑫平旦：清晨。

⑬缅然：悠思貌。

【译文】

鲁哀公向孔子问道：“我想评论一下鲁国的人才，和他们一起治理国家，请问怎么选拔人才呢？”

孔子回答说：“生活在当今的时代，倾慕古代的道德礼仪；依现今的习俗而生活，穿着古代的儒服。有这样的行为而为非作歹的人，不是很少见吗？”

哀公问：“那么戴着殷代的帽子，穿着鞋头上有装饰的鞋子，腰上系着大带子并把笏板插在带子里的人，都是贤人吗？”

孔子说：“那倒不一定。我刚才说的话，并不是这个意思。那些穿着礼服，戴着礼帽，乘着车子去行

祭祀礼的人，他们的志向不在于食荤；穿着用粗麻布做的丧服，穿着草鞋，拄着丧杖喝粥来行丧礼的人，他们的志向不在于酒肉。生活在当今的时代，却倾慕古代的道德礼仪；依现代的习俗生活，却穿着古代的儒服，我说的是这一类人。"

哀公说："你说得很好！就仅仅是这些吗？"

孔子回答道："人分五个等级，有庸人，有士人，有君子，有贤人，有圣人。分清这五类人，那治世的方法就都具备了。"

哀公问道："请问什么样的人叫作庸人？"

孔子回答说："所谓庸人，他们心中没有谨慎行事、善始善终的原则，口中说不出有道理的话，不选择贤人善士作为自己的依靠，不努力行事使自己得到安定的生活。他们往往小事明白大事糊涂，不知自己在忙些什么；凡事随大流，不知自己所追求的是什么。这样的人就是庸人。”

哀公问道：“请问什么是士人？”

孔子回答说：“所谓士人，他们心中有确定的原则，有明确的计划，即使不能尽到行道义治国家的本分，也一定有遵循的法则；即使不能集百善于一身，也一定有自己的操守。因此他们的知识不一定非常广博，但一定要审查自己具有的知识是否正确；话不一定说得很多，但一定要审查说得是否确当；路不一定走得很多，但一定要明白所走的路是不是正道。知道自己具有的知识是正确的，说出的话是确当的，走的路是正道，那么这些正确的原则就像性命对于形骸一样不可改变了。富贵不能对自己有所补益，贫贱不能对自己有所损害。这样的人就是士人。”

哀公问：“什么样的人是君子呢？”

孔子回答说：“所谓君子，说出的话一定忠信而内心没有怨恨，身有仁义的美德而没有自夸的表情，考虑问题明智通达而话语委婉。遵循仁义之道努力实现自己的理想，自强不息。他那从容的样子好像很容易超越，但终不能达到他那样的境界。这样的人就是君子。”

哀公问：“什么样的人称得上是贤人呢？”

孔子回答说：“所谓贤人，他们的品德不逾越常规，行为符合礼法。他们的言论可以让天下人效法而不会招来灾祸，道德足以感化百姓而不会给自己带来伤害。他虽富有，天下人不会怨恨；他一施恩，天下人都不贫穷。这样的人就是贤人。”

哀公又问：“什么样的人称得上是圣人呢？”

孔子回答说：“所谓圣人，他们的品德符合天地之道，变通自如，能探究万事万物的终始，使万事万物符合自然法则，依照万事万物的自然规律来成就它们。光明如日月，教化如神灵。下面的民众不知道他的德行，看到他的人也不知道他就在身边。这样的人就是圣人。”

哀公说：“好啊！不是先生贤明，我就听不到这些言论了。虽然如此，但我从小生在深宫之内，由妇人抚养长大，不知道悲哀，不知道忧愁，不知道劳苦，不知道惧怕，不知道危险，恐不足以实行五仪之教。怎么办呢？”

孔子回答说：“从您的话中可以听出，您已经明白这些道理了，我也就没什么可对您说的了。”

哀公说：“要不是您，我的心智就得不到启发。您还是再说说吧！”

孔子说：“您到庙中行祭祀之礼，从右边台阶走上去，抬头看到屋椽，低头看到筵席，亲人使用的器物都在，却看不到他们的身影。您因此感到哀伤，这样就知道哀伤是什么了。天还没亮就起床，

衣帽穿戴整齐，清晨到朝堂听政，考虑国家是否会有危难。一件事处理不当，往往会成为国家混乱灭亡的开端。国君以此来忧虑国事，什么是忧愁也就知道了。太阳出来就处理国家大事，直至午后，接待各国诸侯及子孙，还有宾客往来，行礼揖让，谨慎地按照礼法显示自己的威严仪态。国君因此思考什么是辛劳，那么什么是辛劳也就知道了。缅怀远古，走出都门，周游浏览，向远眺望，看到那些亡国的废墟，可见灭亡之国不止一个。国君因此感到惧怕，那什么是惧怕也就知道了。国君是舟，百姓就是水。水可以载舟，也可以覆舟。国君由此想到危险，那么什么是危险也就知道了。国君明白这五个方面，又稍稍留意国家中的五种人，那么治理国家还会有什么失误呢？”

【原文】

哀公问于孔子曰："夫国家之存亡祸福，信[1]有天命，非唯人也？"

孔子对曰："存亡祸福，皆己而已，天灾地妖，不能加也。"

公曰："善！吾子之言，岂有其事乎？"

孔子曰："昔者殷王帝辛[2]之世，有雀生大鸟于城隅焉，占之者曰：'凡以小生大，则国家必王，而名必昌。'于是帝辛介雀之德[3]，不修国政，亢暴[4]无极，朝臣莫救，外寇乃至，殷国以亡。此即以己逆天时，诡[5]福反为祸者也。又其先世殷王太戊[6]之时，道缺法圮，以致夭蘖[7]，桑榖[8]于朝，七日大拱[9]，占之者曰：'桑榖野木而不合生朝，意者国亡乎？'太戊恐骇，侧身修行，思先王之政，明养民之道，三年之后，远方慕义，重译[10]至者，十有六国。此即以己逆天时，得祸为福者也。故天灾地妖，所以儆[11]人主者也。寤梦[12]征怪，所以做人臣者也。灾妖不胜善政，寤梦不胜善行。能知此者，至治之极也，唯明王达此。”

公曰：“寡人不鄙固[13]此，亦不得闻君子之教也。”

【注释】

①信：的确。

②帝辛：即商纣王。

③介雀之德：旧注："介，助也，以雀之德为助也。"介：因，依赖。

④亢暴：非常残暴。

⑤诡：奇异，怪异。

⑥太戊：商王名。太庚子。时商朝衰微，太戊用伊陟、巫成等贤人，商朝复兴。

⑦天蘖：反常的树木。

⑧桑榖：古时以桑木、榖木合生于朝为不祥之兆。榖：楮木。

⑨大拱：长大到两手可以围抱。

⑩重译：辗转翻译。指远方国家的使者经过多重翻译才能交流。说明相隔遥远。

⑪儆：告诫，警告。

⑫寤梦：半睡半醒，似梦非梦，恍惚如有所见。征怪：怪异的征兆。

⑬鄙：鄙陋，浅陋。固：鄙陋。

【译文】

鲁哀公问孔子：“国家的存亡祸福，的确是由天命决定的，不是人力所能左右的吗？”

孔子回答说：“国家的存亡祸福都是由人自己决定的，天灾地祸都不能改变国家的命运。”

哀公说：“好！您说的话，有什么事实根据吗？”

孔子说：“从前，殷纣王时代，在国都的城墙边，有一只小鸟生出一只大鸟，占卜者说：‘凡是以小生大，国家必将成为霸主，声名必将大振。’于是，商纣王凭借小鸟生大鸟的好兆头，不好好治理国家，残暴至极，朝中大臣也无法挽救，外敌攻入，殷国因此灭亡。

这就是以自己的肆意妄为违背天时，奇异的福兆反而变成灾祸的事例。纣王的先祖时代，社会道德败坏，国家法纪紊乱，以致出现反常的树木，朝堂上长出桑榖，七天就长得两手合抱之粗。占卜者说：‘桑榖野木不应共同生长在朝堂上，难道国家要灭亡吗？’太戊非常恐惧，小心地修养自己的德行，学习先王治国的方法，探究养民的措施，三年之后，远方的国家思慕殷国的道义，偏远之国的使者经过多重翻译来朝见的，有十六国之多。这就是以自己的谨身修治改变天时，祸兆反变为福的事例。所以说，天灾地祸是上天来警告国君的，梦见怪异是上天来警告臣子的。灾祸胜不过良好的政治，梦兆也胜不过善良的行为。能明白这个道理，就是治国的最高境界，只有贤明的国君才能做到。”

鲁哀公说：“我如果不是如此浅陋，也就不能听到您这样的教诲了。”

致 思

【原文】

孔子北游于农山[①]，子路、子贡、颜渊侍侧[②]。孔子四望，喟然[③]而叹曰："于斯致思[④]，无所不至矣。二三子各言尔志，吾将择焉。"

子路进曰："由愿得白羽若月，赤羽若日，钟鼓之音上震于天，旍旗缤纷下蟠于地[⑤]。由当[⑥]一队而敌之，必也攘[⑦]地千里，搴旗执聝[⑧]。唯由能之，使二子者从我焉。"

夫子曰："勇哉！"

子贡复进曰："赐愿使齐、楚合战于漭漭[⑨]之野，两垒相望，尘埃相接，挺刃交兵。赐着缟衣白冠[⑩]，陈说其间，推论利害，释国之患。唯赐能之，使夫二子者从我焉。"

夫子曰："辩[⑪]哉！"

颜回退而不对。孔子曰："回，来，汝奚独[⑫]无愿乎？"颜回对曰："文武之事，则二子者既言之矣，回何云焉？"

孔子曰："虽然，各言尔志也，小子言之。"

对曰："回闻薰[13]莸不同器而藏，尧桀不共国而治，以其类异也。回愿得明王圣主辅相之，敷[14]其五教，导[15]之以礼乐，使民城郭不修，沟池不越，铸剑戟以为农器，放牛马于原薮[16]，室家无离旷[17]之思，千岁无战斗之患。则由无所施其勇，而赐无所用其辩矣。"

夫子凛然[18]曰："美哉！德也。"

子路抗手[19]而对曰："夫子何选焉？"

孔子曰："不伤财，不害民，不繁词，则颜氏之子有矣。"

【注释】

①农山：山名，在鲁国(今山东)境内。

②侍侧：在旁边陪着。

③喟然：叹息的样子。

④于斯：在这里。致思：集中心思思考。

⑤旖旗：即旌旗。蟠：盘曲地伏着。

⑥当：掌管，率领。

⑦攘：夺取。或作排斥义，意为使敌人退却。

⑧搴旗执馘：搴旗，指拔取敌人的军旗。馘，战争中割取敌人的左耳。古代常以获取敌入耳朵的多少来计功。

⑨漭瀁：广大貌。

⑩缟衣白冠：白衣白帽。战争中穿这样的服装表示奋死一战的决心。

⑪辩：有辩才。

⑫奚独：为何只有你。奚：疑问词，为何，如何。

⑬薰：一种香草。莸：一种臭草。

⑭敷：布，施。五教：指父义、母慈、兄友、弟恭、子孝这五种德行。

⑮导：教导。

⑯原：平原。薮：水浅草茂的湿地。

⑰离旷：丈夫离家，妇人独处。

⑱凛然：态度严肃，令人敬畏的样子。

⑲抗手：举手。

【译文】

孔子向北游览到农山，子路、子贡、颜渊在身边陪着。孔子向四面望了望，感叹地说："在这里集中精力思考问题，什么想法都会出现啊！你们每个人各谈谈自己的志向，我将从中做出选择。"

子路走上前说："我希望有这样一个机会，白色

的指挥旗像月亮，红色的战旗像太阳，钟鼓的声音响彻云霄，繁多的旌旗在地面盘旋舞动。我带领一队人马进攻敌人，必会夺取敌人千里之地，拔去敌人的旗帜，割下敌人的耳朵。这样的事只有我能做到，您就让子贡和颜渊跟着我吧！”

孔子说：“真勇敢啊！”

子贡也走上前说道：“我愿出使到齐国和楚国交战的广阔原野上，两军的营垒遥遥相望，扬起的尘埃连成一片，士兵们挥刀交战。在这种情况下，我穿戴着白色衣帽，在两国之间劝说，论述交战的利弊，解除国家的灾难。这样的事只有我能做得到，您就让子路和颜渊跟着我吧！”

孔子说：“真有口才啊！”

颜回后退不说话。孔子说：“颜回，过来，为何只有你没有志向呢？”颜回回答说：“文武两方面的事，子路和子贡都已经说过了，我还说什么呢？”

孔子说：“虽然如此，还是各人说说各人的志向，你就说吧。”

颜回回答说：“我听说薰草和莸草不能藏在同一个容器中，尧和桀不能共同治理一个国家，因为他们不是同一类人。我希望得到明王圣主来辅助他们，向人民宣传五教，用礼乐来教导他们，使百姓不修筑城墙，不逾越护城河，剑戟之类的武器改铸为农具，平原湿地放牧牛马，妇女不因丈夫长期离家而忧虑，千年无战争之患。这样，子路就没有机会施展他的勇敢，子贡就没有机会运用他的口才了。”

孔子表情严肃地说：“这种德行是多么美好啊！”

子路举起手来问道：“老师您选择哪种呢？”

孔子说：“不耗费财物，不危害百姓，不费太多的言辞，这只有颜回才有这个想法啊！”

【原文】

孔子之楚，而有渔者而献鱼焉，孔子不受。渔者曰：“天暑市远，无所鬻[①]也，思虑弃之粪壤，不如献之君子，故敢以进焉。”

于是夫子再拜受之，使弟子扫地，将以享祭[②]。门人曰：“彼将弃之，而夫子以祭之，何也？”孔子曰：“吾闻诸：惜其腐馁[③]，而欲以务施者，仁人之偶[④]也。恶有[⑤]受仁人之馈而无祭者乎？”

【注释】

①鬻：卖。

②享祭：祭祀。

③腐谂：腐烂，食物变质。谂：熟食。

④偶：同类。

⑤恶有：怎有。

【译文】

孔子到楚国去，有一位打鱼人献给他一些鱼，孔子不接受。打鱼人说："天热市场又远，已经无法卖了，我想扔到粪堆上，不如献给君子，所以敢于进献给您。"

于是孔子拜了又拜，接受了这些鱼，让弟子把地打扫干净，准备祭祀。弟子说："打鱼人本来要扔掉这些鱼，而老师却要用来祭祀，这是为什么呢？"孔子说："我听说，怕食物变质而把它送给别人的人，是仁人一类的人。哪有接受了仁人的馈赠而不祭祀的呢？"

三　恕

【原文】

孔子曰："君子有三恕[1]，有君不能事，有臣而求其使，非恕也；有亲不能孝，有子而求其报，非恕也；有兄不能敬，有弟而求其顺，非恕也。士能明于三恕之本，则可谓端身[2]矣。"

【注释】

①恕：儒家的伦礼范畴之一，即推己及人。用孔子的话来说，就是“己所不欲，勿施于人”，“我不欲人之加诸我也，吾亦欲无加诸人”。

②端身：正身，使行为端正。

【译文】

孔子说：“君子有三恕：有国君而不能侍奉，有臣子却要役使，这不是恕；有父母不能孝敬，有儿子却要求他报恩，这也不是恕；有哥哥不能尊敬，有弟弟却要求他顺从，这也不是恕。读书人能明了这三恕的根本意义，就可以算得上行为端正了。”

【原文】

孔子曰："君子有三思，不可不察也。少而不学，长无能也；老而不教[①]，死莫之思也；有而不施，穷莫之救也。故君子少思其长则务学，老思其死则务教，有思其穷则务施。"

【注释】

①教：指教育自己的子孙。

【译文】

孔子说："君子有三种思虑，是不能不深察的。小时候不爱学习，长大后就没有技能；年老不教导子孙，死后就没人思念；富有时不愿施舍，穷困时就没人救济。所以君子年少时想到长大以后的事就要努力学习，年老了想到死后的事就要好好教导儿孙，富有时想到穷困就要致力于施舍。"

【原文】

孔子观于鲁桓公[①]之庙，有欹器[②]焉。夫子问于守庙者，曰："此谓何器？"对曰："此盖为宥坐之器[③]。"

孔子曰："吾闻宥坐之器，虚则欹[④]，中[⑤]则正，满则覆。明君以为至诫，故常置之于坐侧。"顾谓弟子曰："试注水焉！"乃注之。水中则正，满则覆。夫子喟然叹曰："呜呼！夫物恶有满而不覆哉？"

子路进曰："敢问持满[⑥]有道乎？"

子曰："聪明睿智，守之以愚；功被天下，守之以让；勇力振世，守之以怯；富有四海，守之以谦。此所谓损[⑦]之又损之之道也。"

【注释】

①鲁桓公：惠公子，名轨。在位十八年，后被杀。

②欹器：容易倾斜倒下的器物。

③宥坐之器：放在座位右边以示警诫的器物，相当于后来的座右铭。

④虚则欹：空虚的时候就倾斜。

⑤中：指水不多不少，恰到好处。

⑥持满：据上下文意，此当指不盈不满，可理解为保守成业。

⑦损：减少。

【译文】

孔子到鲁桓公的庙里去参观，在那里看到一件容易倾倒的器物。于是他问守庙的人："这是什么器物啊？"守庙人回答说："这是国君放在座位右边以示警戒的欹器。”

孔子说：“我听说国君放在座位右边的欹器，空虚时就倾倒，水不多不少时就端正，水满时就倒下。贤明的国君把它作为最高警戒，所以常常把它放在座位边。”说完回头对弟子说：“灌进水试试。”弟子把水灌进欹器，水不多不少时欹器就端正，水满时就倒下。孔子感叹道：“唉，哪有东西盈满了不倒的呢！”

子路走上前去问道：“请问保守成业有什么方法吗？”

孔子说：“聪明睿智的人，用愚朴来保守成业；功盖天下的人，用谦让来保守成业；勇力震世的人，用怯懦来保守成业；富有四海的人，用谦卑来保守成业。这就是退损再退损的方法。”

好　生

【原文】

鲁哀公问于孔子曰："昔者舜冠何冠乎？"孔子不对。公曰："寡人有问于子，而子无言，何也？"对曰："以君之问不先其大者，故方思所以为对。"公曰："其大何乎？"

孔子曰："舜之为君也，其政好生而恶杀，其任授贤而替不肖。德若天地而静虚[①]，化若四时而变物[②]。是以四海承风[③]，畅于异类[④]，凤翔麟至，鸟兽驯[⑤]德。无他也，好生故也。君舍此道而冠冕是问，是以缓对。"

【注释】

①静虚：清静无欲。

②变物：使万物变化。

③承风：接受教化。

④异类：指与人不是同类的动植物。

⑤驯：顺从。

【译文】

鲁哀公向孔子问道：“从前舜戴的是什么帽子啊？”孔子不回答。鲁哀公说：“我有问题问你，你却不说话，这是为什么呢？”孔子回答说：“因为您问问题不先问重要的，所以我正在思考怎样回答。”鲁哀公说：“重要的问题是什么呢？”

孔子说：“舜作为君主，他的政治是爱惜生命而厌恶杀戮，他用人的原则是以有才能的人替换无才能

的人。他的仁德像天地一样广大而又清净无欲，他的教化像四季一样使万物变化。所以，四海之内都接受了他的教化，甚至遍及动植物之类，凤凰飞来，麒麟跑来，鸟兽都被他的仁德感化。这没有别的原因，就是因为他爱惜生命的缘故。您不问这些治国之道而问戴什么帽子，所以我才迟迟不做回答。”

【原文】

虞、芮二国争田而讼[①]，连年不决，乃相谓曰："西伯[②]，仁人也，盍往质之[③]。"

入其境，则耕者让畔[④]，行者让路。入其邑，男女异路，斑白不提挈[⑤]。入其朝，士让为大夫，大夫让为卿。虞、芮之君曰："嘻！吾侪[⑥]小人也，不可以君子之庭。"遂自相与而退，咸以所争之田为闲田矣。

孔子曰："以此观之，文王之道，其不可加焉。不令而从，不教而听，至矣哉！"

【注释】

①虞、芮：春秋时两个小诸侯国。虞国在今山西平阴县，芮国在今山西芮城县。讼：打官司。

②西伯：即周文王。

③盍：何不。质：评判。

④畔：指田地的边界。

⑤提挈：提着，举着，指负重。

⑥吾侪：我等，我辈，我们这类人。

【译文】

虞国和芮国为了争田而打官司，打了几年也没结果，他们就相互说："西伯是一位仁人，我们何不到他那里让他给评判呢？"

他们进入西伯的领地后，看到耕田的人互相谦让田地的边界，走路的人互相让路。进入城邑后，看到男女分道而行，老年人没有提着重东西的。进入西伯的朝廷后，士谦让着让他人做大夫，大夫谦让着让他人做卿。虞国和芮国的国君说："唉！我们真是小人啊！是不可以进入西伯这样的君子之国的。"于是，他们就一起远远地退让，都把所争的田作为闲田。

孔子说："从这件事看来，文王的治国之道，不可再超过了。不下命令大家就听从，不用教导大家就听从，这是达到最高境界了。"

观　周

周 敦

【原文】

孔子谓南宫敬叔[1]曰："吾闻老聃博古知今，通礼乐之原，明道德之归，则吾师也，今将往矣。"对曰："谨受命。"

遂言于鲁君曰："臣受先臣之命云：'孔子，圣人之后也。灭于宋。其祖弗父何[2]，始有国而授厉公。及正考父[3]佐戴、武、宣，三命兹益恭。故其鼎铭[4]曰："一命而偻，再命而伛[5]，三命而俯。循墙而走，亦莫余敢侮[6]。饘于是，粥于是，以餬其口。"其恭俭也若此。'臧孙纥[7]有言：'圣人之后，若不当世，则必有明君而达者焉。孔子少而好礼，其将在矣。'属臣曰：'汝必师之。'今孔子将适周，观先王之遗制，考礼乐之所极[8]，斯大业也！君盍以乘资之？臣请与往。"

公曰："诺。"与孔子车一乘，马二匹，竖子侍御[9]。敬叔与俱。至周，问礼于老聃，访乐于苌弘，历郊社[10]之所，考明堂之则，察庙朝之度。于是喟然曰："吾乃今知周公之圣，与周之所以王也。"

及去周，老子送之，曰：“吾闻富贵者送人以财，仁者送人以言。吾虽不能富贵，而窃仁者之号，请送子以言乎：凡当今之士，聪明深察而近于死者，好讥议人者也。博辩闳达而危其身，好发人之恶者也。无以有己为人子者，无以恶己为人臣者。”孔子曰：“敬奉教。”自周反鲁，道弥尊矣。远方弟子之进，盖三千焉。

【注释】

①南宫敬叔：鲁国大夫，即孟僖子之子，原姓仲孙，名阅。

②弗父何：宋湣公共长子，孔父嘉之高祖，厉公兄。旧注："弗父何，缗公世子，厉公兄也。让国以受厉公。《春秋传》曰：'以有宋而授厉公宜。'"

③正考父：弗父何的曾孙，曾辅佐戴公、武公、宣公。生孔父嘉，即孔子的祖先。

④鼎铭：旧注："臣有功德，君命铭之于其宗庙之鼎也。"

⑤伛：弯着身子。旧注："伛恭于偻，俯恭于伛。"

⑥亦莫余敢侮：旧注："余，我也，我考父也。以其恭如此，故人亦莫之侮。"

⑦臧孙纥：弗父何的后代。即鲁大夫臧武仲，为

人有远见。

⑧极：所达到的最高点。

⑨竖子：对人的鄙称，犹谓“小子”。侍：服侍。御：驾车。

⑩郊社：祭天地。

【译文】

孔子对南宫敬叔说：“我听说老子博古通今，通晓礼乐的起源，明白道德的归属，那么他就是我的老师，现在我要到他那里去。”南宫敬叔回答说：“我遵从您的意愿。”

于是南宫敬叔对鲁国国君说：“我接受父亲的嘱咐说：孔子是圣人的后代，他的先祖在宋国消亡了。他的祖先弗父何，最初拥有了宋国，后来给了弟弟厉公。到了正考父时，辅佐戴公、武公、宣公三个国君，三次任命，他一次比一次恭敬。因此他家鼎上刻的铭文说：

第一次任命，他弯着腰；第二次任命，他弯着身子；第三次任命，他俯下身子。他靠着墙根走，也没有人敢欺侮他。在这个鼎里煮稠粥，煮稀粥，用来糊口。他的恭敬节俭就到了这种地步。臧孙纥曾说过这样的话：圣人的后代，如果不能执掌天下，那么必定有圣明的君主使他通达。孔子从小就喜好礼仪，他大概就是这个人吧。我父亲又嘱咐我说：你一定要拜他为师。现在孔子将要到周国去，观看先王遗留的制度，考察礼乐所达到的高度，这是大事业啊！您何不提供车子资助他呢？我请求和他一起去。”

鲁君说：“好。”送给孔子一辆车，两匹马，派了一个人侍候他给他驾车。南宫敬叔和孔子一起到了周国。孔子向老子询问礼，向苌弘询问乐，走遍了祭祀天地之所，考察明堂的规则，察看宗庙朝堂的制度。于是感叹地说：“我现在才知道周公的圣明，以及周国称王天下的原因。”

离开周国时，老子去送他，说：“我听说富贵者拿财物送人，仁者用言语送人。我虽然不能富贵，但私下用一下仁者的称号，请让我用言语送你吧！凡是当今的士人，因聪明深察而危及生命的，都是喜欢讥讽议论别人的人；因知识广博喜好辩论而危及生命的，都是喜好揭发别人隐私的人。作为人子不要只想着自己，作为人臣要尽职全身。”孔子说：“我一定遵循您的教诲。”从周国返回鲁国，孔子的道更加受人尊崇了。从远方来向他学习的，大约有三千人。

【原文】

孔子观乎明堂，睹四门墉[①]，有尧舜与桀纣之象，而各有善恶之状，兴废之诫焉。又有周公相成王，抱之负斧扆南面以朝诸侯之图焉[②]。

孔子徘徊而望之，谓从者曰：“此周公所以盛也。夫明镜所以察形，往古[③]者所以知今。人主不务袭迹[④]于其所以安存，而忽怠[⑤]所以危亡，是犹未有以异于却走，而欲求及前人也，岂不惑哉！”

【注释】

①墉：墙壁。

②负：背对着。斧扆：古代帝王所用的状如屏风的器物，高八尺，上绣斧形图案。

③往古：古昔，古代的事。

④袭迹：沿袭。

⑤忽怠：忽略轻视。

【译文】

孔子观看明堂，看到四门的墙上有尧舜桀纣的画像，画出了每个人善恶的容貌，并有关于国家兴亡告诫的话。还有周公辅佐成王，抱着成王背对着屏风面朝南接受诸侯朝见的画像。

孔子走来走去地观看着，对跟从他的人说：“这是周朝兴盛的原因啊。明亮的镜子可以照出形

貌，古代的事情可以用来了解现在。君主不努力沿着在使国家安定的路上走，而忽视国家危亡的原因，这和倒着跑却想追赶上前面的人一样，难道不糊涂吗？”

【原文】

孔子观周，遂入太祖后稷之庙。庙堂右阶之前，有金人焉，三缄[①]其口，而铭其背曰："古之慎言人也。戒之哉！无多言，多言多败；无多事，多事多患。安乐必戒，无所行悔。勿谓何伤，其祸将长；勿谓何害，其祸将大；勿谓不闻，神将伺[②]人。焰焰不灭，炎炎若何？涓涓不壅[③]，终为江河。绵绵不绝，或成网罗。毫末不札[④]，将寻斧柯[⑤]。诚能慎之，福之根也。口是何伤？祸之门也。强梁者[⑥]不得其死，好胜者必遇其敌。盗憎主人，民怨其上。君子知天下之不可上也，故下之；知众人之不可先也，故后之。温恭慎德，使人慕之；执雌[⑦]持下，人莫逾之。人皆趋彼，我独守此。人皆或之[⑧]，我独不徙。内藏我智，不示人技。我虽尊高，人弗我害。谁能于此？江海虽左[⑨]，长于百川，以其卑也。天道无亲，而能下人。戒之哉！"

孔子既读斯文也，顾谓弟子曰："小人识之，此言实而中，情而信。《诗》[⑩]曰：'战战兢兢，如临深渊，如履薄冰。'行身如此，岂以口过患哉？"

【注释】

①缄：封闭。

②伺：监视。

③涓涓：细小的水流。壅：堵塞。

④毫：细小的树枝。不札：不拔除。

⑤寻：用。柯：斧柄。

⑥强梁者：强横的人。

⑦雌：柔弱。

⑧或之：摇摆不定。

⑨江海虽左：左：处于下游。

⑩《诗》：指《诗经·小雅·小旻》。

【译文】

孔子在周国观览，进入周太祖后稷的庙内。庙堂右边台阶前有铜铸的人像，嘴被封了三层，还在像的背后刻着铭文："这是古代说话谨慎的人。警戒啊！不要多言，多言多败；不要多事，多事多患。安乐时一定要警戒，不要做后悔的事。不要以为话多不会有什么伤害，祸患是长远的；不要以为话多没什么害处，祸患将是很大的；不要认为别人听不到，神在监视着你。初起的火苗不扑灭，变成熊熊大火怎么办？涓涓细流不堵塞，终将汇集为江河；长长的线不弄断，将有可能结成网；细小的枝条不剪掉，将来就要用斧砍。如能谨慎，是福的根源。口能造成什么伤害？是祸的大门。强横的人不得好死，争强好胜的人必定会遇到对手。盗贼憎恨物主，民众怨恨长官。君子知道天下的事不可事事争上，所以宁愿居下；知道不可居于众人之先，所以宁愿在后。温和谦恭谨慎修德，会使人仰慕；守住柔弱保持卑下，没人能够超越。人人都奔向那里，我独自守在这里；人人都在变动，我独自不移。智慧藏在心里，不向别人炫耀技

艺；我虽然尊贵高尚，人们也不会害我。有谁能做到这样呢？江海虽然处于下游，却能容纳百川，因为它地势低下。上天不会亲近人，却能使人处在它的下面。要以此为戒啊！”

孔子读完这篇铭文，回头对弟子说：“你们要记住啊！这些话实在而中肯，合情而可信。《诗经》说：‘战战兢兢，如临深渊，如履薄冰。’立身行事能够这样，哪还能因言语惹祸呢？”

弟子行

【原文】

卫将军文子[①]问于子贡曰："吾闻孔子之施教也，先之以《诗》《书》，导之以孝悌，说之以仁义，观之以礼乐，然后成之以文德。盖入室升堂者，七十有余人，其孰为贤？"子贡对以不知。

文子曰："以吾子常与学贤者也，何为不知？"

子贡对曰："贤人无妄，知贤即难。故君子之言曰：智莫难于知人。是以难对也。"

文子曰："若夫知贤，莫不难。今吾子亲游焉，是以敢问。"

子贡曰："夫子之门人，盖有三千就焉[②]。赐有逮及焉，未逮及焉，故不得遍知以告也。"

文子曰："吾子所及者，请闻其行。"

子贡对曰："能夙兴夜寐，讽诵崇礼，行不贰过，称言不苟，是颜回之行也。孔子说之以《诗》曰：'媚兹一人，应侯慎德。’‘永言孝思，孝思惟则。’若逢有德之君，世受显命，不失厥[3]名。以御于天子，则王者之相也。

“在贫如客，使其臣如借。不迁怒，不深怨，不录旧罪，是冉雍之行也。孔子论其材曰：‘有土之君子也，有众使也，有刑用也，然后称怒焉。匹夫之怒，唯以亡其身。’孔子告之以《诗》曰：‘靡[4]不有初，鲜克有终。’

“不畏强御，不侮矜寡；其言循性，其都以富，材任治戎，是仲由之行也。孔子和之以文，说之以《诗》曰：‘受小共大共[5]，而为下国骏庞。荷天子之龙。不戁不悚，敷奏其勇。’强乎武哉，文不胜其质。

“恭老恤幼，不忘宾旅；好学博艺，省物而勤也，是冉求[6]之行也。孔子因而语之曰：‘好学则智，恤孤则惠，恭则近礼，勤则有继。尧舜笃恭，以王天下。’其称之也，曰‘宜为国老’。

“齐庄而能肃，志通而好礼，傧相两君之事，笃雅有节，

是公西赤之行也。子曰：‘礼经三百，可勉能也；威仪三千，则难也。’公西赤问曰：‘何谓也？’子曰：‘貌以傧礼，礼以傧辞，是谓难焉。众人闻之，以为成也。’孔子语人曰：‘当宾客之事，则达矣。’谓门人曰：‘二三子之欲学宾客之礼者，其于赤也。’

“满而不盈，实而如虚，过之如不及，先王难之。博无不学，其貌恭，其德敦；其言于人也，无所不信；其桥大人也，常以浩浩，是以眉寿⑦，是曾参之行也。孔子曰：‘孝，德之始也；悌，德之序也；信，德之厚也；忠，德之正也。参中夫四德者也。’以此称之。

“美功不伐，贵位不善，不侮不佚，不傲无告，是颛孙师之行也。孔子言之曰：‘其不伐，则犹可能也；其不弊百姓，则仁也。’《诗》⑧云：‘恺悌君子，民之父母。’夫子以其仁为大学之深。

“送迎必敬，上交下接著截焉，是卜商之行也。孔子说之

以《诗》曰：‘式夷式已[⑨]，无小人殆。’若商也，其可谓不险矣。’

“贵之不喜，贱之不怒；苟利于民矣，廉于行己；其事上也，以佑其下，是澹台灭明之行也。孔子曰：‘独贵独富，君子耻之，夫也中之矣。’

“先成其虑，及事而用之，故动则不妄，是言偃之行也。孔子曰：‘欲能则学，欲知则问，欲善则详，欲给则豫[⑩]。当是而行，偃也得之矣。’

“独居思仁，公言言义，其于《诗》也，则一日三覆‘白圭之玷’，是宫绍之行也。孔子信其能仁，以为异士。

“自见孔子，出入于户，未尝越礼；往来过之，足不履影；启蛰不杀，方长不折；执亲之丧，未尝见齿，是高柴之行也。孔子曰：‘柴于亲丧，则难能也；启蛰不杀，则顺人道；方长不折，则恕仁也。成汤[⑪]恭而以恕，是以日脐。’凡此诸子，赐之所亲睹者也。吾子有命而讯赐，固不足以知贤。”

文子曰："吾闻之也，国有道，则贤人兴焉，中人用焉，乃百姓归之。若吾子之论，既富茂矣，壹诸侯之相也。抑世未有明君，所以不遇也。"

子贡既与卫将军文子言，适鲁见孔子曰："卫将军文子问二三子之于赐，不壹而三焉，赐也辞不获命，以所见者对矣。未知中否，请以告。"

孔子曰："言之乎。"子贡以其辞状告孔子。子闻而笑曰："赐，汝次为人矣。"子贡对曰："赐也何敢知人，此以赐之所睹也。"孔子曰："然。吾亦语汝耳之所未闻，目之所未见者，岂思之所不至，智之所未及哉？"子贡曰："赐愿得闻之。"

孔子曰："不克不忌[12]，不念旧怨，盖伯夷叔齐之行也。

"思天而敬人，服义而行信，孝于父母，恭于兄弟，从善而教不道，盖赵文子之行也。

"其事君也，不敢爱其死，然亦不敢忘其身。谋其身不遗其友，君陈则进而用之，不陈则行而退。盖随武子之行也。

“其为人之渊源⑬也，多闻而难诞，内植足以没其世。国家有道，其言足以治；无道，其默足以生。盖铜鞮伯华之行也。

“外宽而内正，自极于隐括之中，直己而不直人，汲汲于仁，以善自终。盖蘧伯玉之行也。

“孝恭慈仁，允德⑭图义，约货去怨，轻财不匮。盖柳下惠之行也。

“其言曰：‘君虽不量于其身，臣不可以不忠于其君。是故君既择臣而任之，臣亦择君而事之。有道顺命，无道衡命。’盖晏平仲之行也。

“蹈⑮忠而行信，终日言不在尤之内。国无道，处贱不闷，贫而能乐。盖老莱子之行也。

“易行以俟天命，居下不援其上。其亲观于四方也，不忘其亲，不尽其乐。以不能则学，不为己终身之忧。盖介子山之行也。”

子贡曰：“敢问夫子之所知者，盖尽于此而已乎？”

孔子曰："何谓其然？亦略举耳目之所及而已。昔晋平公问祁奚曰：'羊舌大夫⑯，晋之良大夫也，其行如何？'祁奚辞以不知。公曰：'吾闻子少长乎其所，今子掩之，何也？'祁奚对曰：'其少也恭而顺，心有耻而不使其过宿；其为大夫，悉善而谦其端；其为舆尉也，信而好直其功。至于其为容也，温良而好礼，博闻而时出其志。'公曰：'曩者问子，子奚曰不知也？'祁奚曰：'每位改变，未知所止，是以不敢得知也。'此又羊舌大夫之行也。"

子贡跪曰："请退而记之。"

【注释】

①文子：卫国公卿，名弥牟。

②盖有三千就焉：三千：《大戴礼记·卫将军文子》作“三就”，指在孔子门下求学的弟子，成就有上、中、下三等。

③厥：代词，他的。

④靡：没有。

⑤拱：法。

⑥冉求：即冉有，字子有，孔子弟子。

⑦眉寿：长寿。因人老会长出长眉毛，故称眉寿。

⑧《诗》：指《诗经·大雅·洞酌》。

⑨式夷式已：意为用平和、公平的态度处人处事。

⑩给：丰足，充裕。豫：事先准备。

⑪成汤：商朝开国之君，子姓，名履，又称天乙。讨伐夏桀，建立商朝，传十七代，至纣为周所灭。

⑫克：苛刻。忌：嫉妒。

⑬渊源：指思虑深邃。

⑭允德：修德，涵养德行。图义：考虑义。

⑮蹈：实行。

⑯羊舌大夫：即羊舌赤。亦即铜鞮伯华。

【译文】

卫国的将军文子问子贡："我听说孔子教育弟子，先教他们读《诗》和《书》，然后教他们孝顺父母尊敬兄长的道理。讲的是仁义，观看的是礼乐，然后用文才和德行来成就他们。大概学有所成的有七十多人，他们之中谁更贤明呢？"子贡回答说不知道。

文子说："因为你常和他们一起学，也是贤者，为何说不知道呢？"

子贡回答说："贤能的人没有妄行，了解贤人就很困难。所以君子说：'没有比了解人更困难的了。’因此难以回答。”

文子说：“对于了解贤人，没有不困难的。现在您本人亲身在孔子门下求学，所以敢冒昧问您。”

子贡说：“先生的门人，大概有三千人就学。有些是与我接触过的，有些没有接触，所以不能普遍地了解来告诉你。”

文子说：“请就您所接触到的谈谈，我想问问他们的品行。”

子贡回答说：“能够起早贪黑，背诵经书，崇尚礼义，行动不犯第二次过错，引经据典很认真的，是颜渊的品行。孔子用《诗经》的话来形容颜渊说：‘如果遇到国君宠爱，就能成就他的德业。’‘永远恭敬尽孝道，孝道足以为法则。’如果颜渊遇到有德的君王，就会世代享受帝王给予的美誉，不会失去他的美名。被君王任用，就会成为君王的辅佐。

“身处贫困能矜持庄重，使用仆人如同借用般客气。不把怒气转移到别人身上，不总是怨恨别人，不总是记着别人过去的罪过，这是冉雍的品行。孔子评论他的才能说：‘拥有土地的君子，有民众可以役使，有刑罚可以施用，而后可以迁怒。普通人发怒，只会伤害自己的身体。’孔子用《诗经》的话告诉他说：‘万事都有开端，但很少有善始善终的。’

“不害怕强暴，不欺辱鳏寡，说话遵循本性，相貌堂堂端正，才能足以打仗带兵，这是子路的品行。孔子用文辞来赞美他，用《诗经》中的话来称赞他：‘接受上天大法和小法，庇护下面诸侯国，接受天子授予的荣宠。不胆怯不惶恐，施神威奏战功。’强力又勇敢啊！文采胜不过他的质朴。

“尊敬长辈，同情幼小，不忘在外的旅人，喜好学习，博综群艺，体察万物且勤劳，这是冉求的品行。孔子因此对他说：‘好学就有智慧，同情孤寡就是仁爱，恭敬就接近礼义，勤劳就有收获。尧舜忠诚谦恭，所以能称王天下。’孔子很称赞他，说：‘你应当成为国家的卿大夫。’

“整齐庄重而又严肃，志向通达而又喜好礼仪，作为两国之间的傧相，忠诚雅正而有节制，这是公西赤的品行。孔子说：‘礼经三百篇，可以通过努力学习来了解；三千项威严的礼仪细节，则难以掌握。’公西赤说：‘为什么这样说呢？’孔子说：‘作傧相接待宾客要有庄重的容貌，要根据不同的礼节来致辞，所以说很难。众人听到傧相的致辞，认为仪式就完成了。’孔子对大家说：‘接待宾客这件事，他已经做到了。’孔子又对弟子说：‘你们想学习接待宾客礼仪的人，就向公西赤学习吧。’

“完满却不自我满足，渊博却如同虚空，超过却如同赶不上，古代的君王也难以做到。知识广博无所不学，他的外表恭敬，德行敦厚；他对任何人说话，没有不真实的；他的志向高明远大，他的胸襟开阔坦荡，因此他长寿，这是曾参的品行。孔子说：‘孝是道德的起始，悌是道德的前进，信是道德的加深，忠是道德的准则。曾参集中了这四种品德。’孔子就以此来称赞他。

“有大功不夸耀，处高位不欣喜，不贪功不慕势，不在贫苦无告者面前炫耀，这是颛孙师的品行。孔子这样评价他：‘他的不夸耀，别人还可能做到，他在贫苦无告者面前不炫耀，则是仁德的表现。’《诗经》说：‘平易近人的君子，是百姓的父母。’先生认为他的仁德是很伟大的。

“学习能够深入理解其义，送迎宾客必定恭敬，和上下级交往界限分明，是卜商的品行。孔子用《诗经》的话评价他说：‘能够用平和公正的态度处人处事，就不会受到小人的危害。’像卜商这样，可以说不至于有危险了。

“富贵了他也不欣喜，贫贱了他也不恼怒；假如对民众有利，他宁愿行为俭约；他侍奉君王，是为了帮助下面的百姓，这是澹台灭明的品行。孔子说：‘独自一个人富贵，君子认为是可耻的，澹台灭明就是这样的人。’

“先考虑好，事情来临就按计划而行，这样行动就不会有错，这是言偃的品行。孔子说：‘想要有才能就要学习，想要知道就要问别人，想要把事情做好就要仔细审慎，想要富足就要先有储备。按照这个原则行事，言偃是做到了。’

“个人独居时想着仁义，做官时讲话讲的是仁义，对于《诗经》上的‘白圭之玷，尚可磨也’的话

牢记在心，因此言行极其谨慎，如同一天三次磨去白玉上的斑点，这是宫绍的品行。孔子相信他能行仁义，认为他是与众不同的人。

“自从见到孔子，进门出门，从没有违反礼节。走路来往，脚不会踩到别人的影子。不杀蛰伏刚醒的虫子，不攀折正在生长的草木。为亲人守丧，没有言笑。这是高柴的品行。孔子说：‘高柴为亲人守丧的诚心，是一般人难以做到的；春天不杀生，是遵从做人的道理；不折断正在生长的树木，是推己及物的仁爱。成汤谦恭而又能推己及人，因此威望天天升高。’以上这几个人是我亲眼看见的。您向我询问，要求我回答，我本来也不能够知道谁是贤人。”

文子说：“我听说，国家按正道行事，那么贤人就兴起来了，正直的人就会被任用，百姓也会归附。按照您刚才的议论，内容已经很丰富了，他们都可以做诸侯的辅佐啊。大概世上没有明君，所以没有得到任用。”

子贡和卫将军文子说过话之后，到了鲁国，见到孔子，说：“卫将军文子向我问同学们的情况，再三地问，我推辞不掉，把我所见到的告诉了他。不知道是否合适，请让我告诉您吧。”

孔子说：“说说吧。”子贡把和文子对话的情况告诉了孔子。孔子听后笑着说：“赐啊，你能给人排座次了。”子贡回答说：“我怎敢说知人，这是我亲眼看见的啊。”孔子说：“是这样的。我也告诉你一些你没听到、没看到的事，这些难道是头脑想不到的，智力达不到的吗？”子贡说：“我很愿意听。”

孔子说：“不苛刻不忌妒，不计较过去的仇恨，这是伯夷叔齐的品行。

“思考天道而且尊敬人，服从仁义而做事讲信

用，孝敬父母，友爱兄弟，从善如流而又教导不按正道而行的人，这是赵文子的品行。

“他侍奉国君，不敢爱惜自己的生命，然而也不敢不爱惜自己的身体。谋求自己的发展，也不忘记朋友。君王任用时他就努力去做，不用则离开而退隐。这是随武子的品行。

“他的为人思虑深邃，见闻广博难以被欺骗，内心修养足以终身受用。国家按正道治理，他的言论足以用来治国；国家不按正道治理，他的沉默足以用来保存自己。这是铜鞮伯华的品行。

“外表宽容而且内心正直，能自己矫正自己的行为，自己正直而不要求别人，努力地追求仁义，终身行善。这是蘧伯玉的品行。

“孝敬谦恭慈善仁爱，涵养德行谋求仁义，少积聚财富消除怨恨，轻视财物又不匮乏。这是柳下惠的品行。

“他说：‘君主虽然不能度量臣子的能力，臣子不能不忠于君主。因此君主选择臣子而任用，臣子也选择君主来侍奉。君主按正道而行就听从他的命令，不按正道就隐居不仕。’这是晏平仲的品行。

“行动讲求忠信，即使整天说话，也不会出错。国家混乱，身处低位而不愁闷，生活贫困而能保持快乐。这是老莱子的品行。

“改变自己的行为来等待机遇，身处低位却不攀附高枝。到四处游观，不忘记父母；想到父母，不尽兴就赶快归来。因为才能不足就去学习，不造成终身的遗憾。这是介子山的品行。”

子贡问：“请问老师，您所知道的，就到此为止了吗？”

孔子说：“怎么能这样说呢？我只是大略举出耳

闻目睹的罢了。从前晋平公问祁奚：‘羊舌大夫是晋国的优秀大夫，他的品行怎么样？’祁奚推辞说不知道。晋平公说：‘我听说你从小在他家长大，你现在隐藏着不愿说，是为什么呢？’祁奚回答说：‘他小时候谦恭而和顺，心里觉得有过错不会留到第二天来改正；他作为大夫，凡事皆出于善心而又谦虚正直；他做舆尉时，讲信用而不隐瞒功绩。至于他的外表，温和善良而喜好礼节，广博地听取而时出己见。’晋平公说：‘刚才我问你，你怎么说不知道呢？’祁奚说：‘他的职位经常改变，不知他现在做什么官，所以不敢说知道。’这又是羊舌大夫的品行。”

子贡跪下说：“请让我回去记下您的话。”

贤　君

【原文】

哀公问于孔子曰："当今之君，孰为最贤？"

孔子对曰："丘未之见也，抑有卫灵公乎[1]？"

公曰："吾闻其闺门之内无别[2]，而子次之贤，何也？"

孔子曰："臣语其朝廷行事，不论其私家之际[3]也。"

公曰："其事何如？"

孔子对曰："灵公之弟曰公子渠牟，其智足以治千乘，其信足以守之，灵公爱而任之。又有士曰林国者，见贤必进之，而退与分其禄，是以灵公无游放之士[4]，灵公贤而尊之。又有士曰庆足者，卫国有大事，则必起而治之；国无事，则退而容贤[5]，灵公悦而敬之。又有大夫史鰌，以道去卫,而灵公郊舍[6]三日，琴瑟不御[7]，必待史鰌之入，而后敢入。臣以此取之，虽次之贤，不亦可乎。"

【注释】

①抑：或。

②闺门之内无别：家庭之内男女无别。

③私家之际：私人家庭之间。

④游放之士：没被任用的读书人。

⑤退而容贤：自己退位，把位置让给贤能的人。

⑥郊舍：在郊外住宿。

⑦不御：不弹奏、吹奏。

【译文】

鲁哀公问孔子："当今的君主，谁最贤明啊？"

孔子回答说："我还没有看到，或许是卫灵公吧！"

哀公说："我听说他家庭之内男女长幼没有分别，而你把他说成贤人，为什么呢？"

孔子说："我是说他在朝廷所做的事，而不论他家庭内部的事情。”

哀公问：“朝廷的事怎么样呢？”

孔子回答说：“卫灵公的弟弟公子渠牟，他的智慧足以治理拥有千辆兵车的大国，他的诚信足以守卫这个国家，灵公喜欢他而任用他。又有个士人叫林国的，发现贤能的人必定推荐，如果那人被罢了官，林国还要把自己的俸禄分给他，因此在灵公的国家没有放任游荡的士人。灵公认为林国很贤明因而很尊敬他。又有个叫庆足的士人，卫国有大事，就必定出来帮助治理；国家无事，就辞去官职而让其他的贤人被容纳。卫灵公喜欢而且尊敬他。还有个大夫叫史鰌，因为道不能实行而离开卫国。卫灵公在郊外住了三天，不弹奏琴瑟，一定要等到史鰌回国，而后他才敢回去。我拿这些事来选取他，即使把他放在贤人的地位，不也可以吗？”

【原文】

子贡问于孔子曰：“今之人臣，孰为贤？”

子曰：“吾未识也。往者齐有鲍叔[1]，郑有子皮[2]，则贤者矣。”

子贡曰：“齐无管仲，郑无子产？”

子曰：“赐，汝徒知其一，未知其二也。汝闻用力为贤乎？进贤为贤乎？”

子贡曰：“进贤贤哉。”

子曰：“然。吾闻鲍叔达[3]管仲，子皮达子产，未闻二子之达贤己之才者也。”

【注释】

①鲍叔：即鲍叔牙，春秋时齐国人。他和管仲是好朋友，推荐管仲做齐桓公的相。

②子皮：郑国人，名罕虎。他推荐子产做郑国的相。

③达：显达。这里指使别人显达。

【译文】

子贡问孔子：“当今的大臣，谁是贤能的人呢？”

孔子说：“我不知道。从前，齐国有鲍叔，郑国有子皮，他们都是贤人。”

子贡说：“齐国不是有管仲，郑国不是有子产吗？”

孔子说：“赐，你只知其一，不知其二。你听说自己努力成为贤人的人贤能呢，还是能举荐贤人的人贤能呢？”

子贡说："能举荐贤人的人贤能。"

孔子说："这就对了。我听说鲍叔牙使管仲显达，子皮使子产显达，却没有听说管仲和子产让比他们更贤能的人显达。"

辯　政

【原文】

子贡问于孔子曰：“昔者齐君问政于夫子，夫子曰政在节财。鲁君问政于夫子，子曰政在谕臣①。叶公问政于夫子，夫子曰政在悦近而来远。三者之问一也，而夫子应之不同，然政在异端②乎？”

孔子曰：“各因其事也。齐君为国，奢乎台榭③，淫于苑囿④，五官伎乐⑤，不解于时，一旦而赐人以千乘⑥之家者三，故曰政在节财。鲁君有臣三人⑦，内比周以愚其君⑧，外距⑨诸侯之宾以蔽其明，故曰政在谕臣。夫荆⑩之地广而都狭，民有离心，莫安其居，故曰政在悦近而来远。此三者所以为政殊矣。《诗》⑪云：‘丧乱蔑资⑫，曾不惠我师⑬。’此伤奢侈不节以为乱也。又曰：‘匪其止共，惟王之邛。’此伤奸臣蔽主以为乱也。又曰：‘乱离瘼矣，奚其适归？’此伤离散以为乱者也。察此三者，政之所欲，岂同乎哉！”

【注释】

①谕臣：了解大臣。谕：知道，了解。一说“谕”当作“论”，意为选择。

②异端：不同方面。

③台榭：楼台水榭。

④苑囿：宫室园林。

⑤五官伎乐：指声色享乐。五官：指眼、耳、鼻、舌、身五种感官。伎：歌女。

⑥千乘：《韩非子·难三》作：“三百乘”，《尚书大传》作“百乘”，“千乘”恐误。

⑦有臣三人：指孟孙、叔孙、季孙三家。

⑧比周：勾结。愚：愚弄。

⑨距：同“拒”，拒绝。

⑩荆：即楚国。

⑪《诗》：此指《诗经·大雅·板》。

⑫丧乱蔑资：国家混乱，国库空虚。

⑬曾不惠我师：曾：副词，可译为竟然。

【译文】

子贡问孔子说："从前齐国国君向您询问如何治理国家，您说治理国家在于节省财力。鲁国国君向您询问如何治理国家，您说在于了解大臣。叶公向您询问如何治理国家，您说治理国家在于使近处的人高兴，使远处的人前来依附。三个人的问题是一样的，而您的回答却不同，然而治国有不同的方法吗？"

孔子说："按照各国不同的情况来治理。齐国君主治理国家，建造很多楼台水榭，修筑很多园林宫殿，声色享乐，无时无刻，有时一天就赏赐三个家族各一千辆战车，所以说为政在于节财。鲁国国君有三个大臣，在朝廷内相互勾结愚弄国君，在朝廷外排斥诸侯国的宾客，遮盖他们明察的目光，所以说为政在于了解大臣。

楚国国土广阔而都城狭小，民众想离开那里，不安心在此居住，所以说为政在于让近处的人高兴，让远方的人来依附。这三个国家的情况不同，所以施政方针也不同。《诗经》上说：‘国家混乱国库空，从不救济我百姓。’这是哀叹奢侈浪费不节约资财而导致国家动乱啊。又说：‘臣子不忠于职守，使国君担忧。’这是哀叹奸臣蒙蔽国君而导致国家动乱啊。又说：‘兵荒马乱心忧苦，何处才是我归宿。’这是哀叹民众四处离散而导致国家动乱啊。考察这三种情况，根据政治的需要，方法难道能相同吗？”

【原文】

孔子曰："忠臣之谏君，有五义[①]焉：一曰谲谏[②]，二曰戆谏[③]，三曰降谏[④]，四曰直谏，五曰风谏[⑤]。唯度主而行之，吾从其讽谏乎。"

【注释】

①五义：五种方法。

②谲谏：直接指出问题而委婉地规劝。

③戆谏：刚直地规劝。

④降谏：低声下气地规劝。

⑤风谏：《说苑·正谏》作“讽谏”，意为以婉言隐语规劝。

【译文】

孔子说：“忠臣规劝君主，有五种方法：一是委婉而郑重地规劝，二是刚直地规劝，三是低声下气地规劝，四是直接痛快地规劝，五是用婉言隐语来规劝。这些方法需要揣度君主的心意来采用，我愿意采用婉言隐语的方法来规劝啊。”

【原文】

孔子谓宓子贱[1]曰："子治单父[2]，众悦，子何施而得之也？子语丘所以为之者。"

对曰："不齐之治也，父恤其子，其子恤诸孤，而哀丧纪[3]。"

孔子曰："善！小节也，小民附矣，犹未足也。"

曰："不齐所父事者三人，所兄事者五人，所友事者十一人。"

孔子曰："父事三人，可以教孝矣；兄事五人，可以教悌矣；友事十一人，可以举善矣。中节也，中人附矣，犹未足也。"

曰："此地民有贤于不齐者五人，不齐事之而禀度[4]焉，皆教不齐之道。"

孔子叹曰："其大者乃于此乎有矣。昔尧舜听天下，务求贤以自辅。夫贤者，百福之宗也，神明[5]之主也。惜乎不齐之以所治者小也。”

【注释】

①宓子贱：春秋时鲁国人。名不齐，字子贱，孔子弟子。

②单父：地名。鲁国都邑，故址在今山东省单县南。

③“父恤其子”三句：《说苑·政理》作“父其父，子其子，恤诸孤而哀丧纪”，意为像对待自己的父亲那样对待百姓的父亲，像对待自己的儿子那样对待百姓的儿子，救济所有的孤儿办好丧事。据此，“其子恤诸孤”之“其”字当衍。

④禀度：受教。

⑤神明：明智如神。

【译文】

孔子对宓子贱说：“你治理单父这个地方，民众

很高兴。你采用什么方法而做到的呢？你告诉我都采用了什么办法。”

宓子贱回答说：“我治理的办法是，像父亲那样体恤百姓的儿子，像顾惜自己儿子那样照顾孤儿，而且以哀痛的心情办好丧事。”

孔子说：“好！这只是小节，小民就依附了，恐怕还不只这些吧。”

宓子贱说：“我像对待父亲那样侍奉的有三个人，像兄长那样侍奉的有五个人，像朋友那样交往的有十一个人。”

孔子说：“像父亲那样侍奉这三个人，可以教民众孝道；像兄长那样侍奉五个人，可以教民众敬爱兄长；像朋友那样交往十一个人，可以提倡友善。这只是中等的礼节，中等的人就会依附了，恐怕还不只这些吧。”

宓子贱说："在单父这个地方，比我贤能的有五个人，我都尊敬地和他们交往并向他们请教，他们都教我治理之道。"

孔子感叹地说："治理好单父的大道理就在这里了。从前尧舜治理天下，一定要访求贤人来辅助自己。那些贤人，是百福的来源，是神明的主宰啊。可惜你治理的地方太小了。"

六 本

【原文】

孔子曰：“行己有六本焉[①]，然后为君子也。立身有义矣，而孝为本；丧纪有礼矣，而哀为本；战阵有列矣，而勇为本；治政有理矣，而农为本；居国有道矣，而嗣[②]为本；生财有时矣，而力为本。置本不固，无务农桑；亲戚不悦，无务外交；事不终始，无务多业；记闻而言，无务多说；比近不安，无务求远。是故反本修迩[③]，君子之道也。”

【注释】

①行己：立身处世。本：根本。

②嗣：子孙，这里指选定继位之君。

③反本修迩：返回到事物的根本，从近处做起。

【译文】

孔子说："立身行事有六个根本，然后才能成为君子。立身有仁义，孝道是根本；举办丧事有礼节，哀痛是根本；交战布阵有行列，勇敢是根本；治理国家有条理，农业是根本；掌管天下有原则，选定继位人是根本；创造财富有时机，肯下力气是根本。根本不巩固，就不能很好地从事农桑；不能让亲戚高兴，就不要进行人事交往；办事不能有始有终，就不要经营多种产业；道听途说的话，就不要多说；不能让近处安定，就不要去安定远方。因此返回到事物的根本，从近处做起，是君子遵循的途径。"

【原文】

孔子曰："良药苦于口而利于病，忠言逆于耳而利于行。汤武以谔谔[①]而昌，桀纣以唯唯[②]而亡。君无争[③]臣，父无争子，兄无争弟，士无争友，无其过者，未之有也。故曰：'君失之，臣得之；父失之，子得之；兄失之，弟得之；己失之，友得之。'是以国无危亡之兆，家无悖乱之恶，父子兄弟无失，而交友无绝也。"

【注释】

①谔谔：直言进谏的样子。

②唯唯：恭敬顺从的应答声。

③争：通“诤”，直言劝谏。

【译文】

孔子说：“良药苦口利于病，忠言逆耳利于行。商汤和周武王因为能听取进谏的直言而使国家昌盛，夏桀和商纣因为只听随声附和的话而国破身亡。国君没有直言敢谏的大臣，父亲没有直言敢谏的儿子，兄长没有直言敢劝的弟弟，士人没有直言敢劝的朋友，要想不犯错误是不可能的。所以说：‘国君有失误，臣子来补救；父亲有失误，儿子来补救；兄长有失误，弟弟来补救；自己有失误，朋友来补救。’这样，国家就没有灭亡的危险，家庭就没有悖逆的坏事，父子兄弟之间不会失和，朋友也不会断绝来往。”

【原文】

孔子在齐，舍于外馆，景公造[①]焉。宾主之辞既接，而左右白曰："周使适至，言先王庙灾。"景公覆问："灾何王之庙也？"孔子曰："此必釐[②]王之庙。"公曰："何以知之？"

孔子曰："《诗》[③]云：'皇皇上天，其命不忒[④]。'天之以善，必报其德，祸亦如之。夫釐王变文武之制，而作玄黄华丽之饰，宫室崇峻，舆马奢侈，而弗可振[⑤]也。故天殃所宜加其庙焉。以是占[⑥]之为然。"

公曰："天何不殃其身，而加罚其庙也？"

孔子曰："盖以文武故也。若殃其身，则文武之嗣，无乃殄[⑦]乎？故当殃其庙以彰其过。"

俄顷，左右报曰："所灾者，釐王庙也。"

景公惊起，再拜曰："善哉！圣人之智，过人远矣。"

【注释】

①造：造访，访问。

②釐王：东周国君，周庄王之子，名胡。

③《诗》：此诗已佚，今本《诗经》无。

④忒：变更，差错。

⑤振：救。

⑥占：预测，推测。

⑦殄：断绝，灭绝。

【译文】

孔子在齐国，住在旅馆里，齐景公到旅馆来看他。宾主刚互致问候，景公身边的人就报告说：“周国的使者刚到，说先王的宗庙遭了火灾。”景公追问：“哪个君王的庙被烧了？”孔子说：“这一定是釐王的庙。”景公问：“怎么知道的呢？”

孔子说："《诗经》说：'伟大的上天啊，它所给予的不会有差错。上天降下的好事，一定回报给有美德的人，灾祸也是如此。釐王改变了文王和武王的制度，而且制作色彩华丽的装饰，宫室高耸，车马奢侈，而无可救药。所以上天把灾祸降在他的庙上。我以此做了这样的推测。"

景公说："上天为什么不降祸到他的身上，而要惩罚他的宗庙呢？"

孔子说："大概是因为文王和武王的缘故吧。如果降到他身上，文王和武王的后代不是灭绝了吗？所以降灾到他的庙上来彰显他的过错。"

一小会儿，有人报告："受灾的是釐王的庙。"

景公吃惊地站起来，再次向孔子行礼说："好啊！圣人的智慧，超过一般人太多了。"

辩 物

【原文】

孔子在陈，陈惠公宾之于上馆[①]。时有隼集陈侯之庭而死，楛矢[②]贯之石砮，其长尺有咫，惠公使人持隼如孔子馆而问焉。

孔子曰："隼之来远矣，此肃慎氏[③]之矢。昔武王克商，通道于九夷百蛮，使各以其方贿[④]来贡，而无忘职业。于是肃慎氏贡楛矢石砮，其长尺有咫。先王欲昭其令德之致远物也，以示后人，使永鉴[⑤]焉，故铭其栝曰'肃慎氏贡楛矢栝'，以分大姬。配胡公[⑥]，而封诸陈。古者分同姓以珍玉，所以展亲亲也；分异姓以远方之职贡，所以无忘服[⑦]也。故分陈以肃慎氏贡焉。君若使有司求诸故府，其可得也。"

公使人求，得之金椟，如之。

【注释】

①陈惠公：陈哀公之孙，名吴。在位二十八年卒，谥惠。上馆：上等馆舍。

②楛矢：楛木做的箭杆。楛为荆类植物，茎可制箭杆。

③肃慎氏：古民族名。

④方贿：地方所贡的财物土产。

⑤永鉴：永远作为借鉴。

⑥胡公：虞舜的后代。

⑦服：臣服，服从。

【译文】

孔子在陈国，陈惠公请他住在上等馆舍里。当时有一只死的隼鸟陈列在陈惠公的厅堂上，射穿它的箭的箭杆是楛木制成，箭头是石头的，长度有一尺八寸。陈惠公让人拿着死鸟到孔子的馆舍询问这件事。

孔子说：“隼鸟是从很远的地方来的啊！这是肃慎氏的箭。从前周武王攻克商朝，打通了通向各少数民族的道路，让他们以各自的特产来进贡，并要求按职业进贡物品。于是慎肃氏进贡了用楛木作杆石头作箭头的箭，长有一尺八寸。武王欲显示他的美德能使远方来进贡，以此来昭示后人，永远作为借鉴，所以在箭杆的末端刻着‘肃慎氏贡楛矢’几个字，把它赏给他的女儿大姬。女儿嫁给胡公，封在陈地。古代把珍玉分给同姓，为了表示亲属的亲密关系；把远方的贡物分给异姓，是为了让他们不忘记臣服。所以把肃慎氏的贡物分给陈国。您如果派官员到从前的府库中去找，就可以得到。”

陈惠公派人去找，得到写有金字的筒牍，果然和孔子说得一样。

哀公问政

【原文】

哀公[1]问政于孔子。

孔子对曰："文武之政，布在方策[2]。其人存则其政举，其人亡则其政息。天道敏生，人道敏政，地道敏树。夫政者，犹蒲卢[3]也，待化以成，故为政在于得人。取人以身，修道以仁。仁者，人也，亲亲为大；义者，宜也，尊贤为大。亲亲之杀，尊贤之等，礼所以生也。礼者，政之本也，是以君子不可以不修身。思修身，不可以不事亲；思事亲，不可以不知人；思知人，不可以不知天。天下之达道[4]有五，其所以行之者三。曰君臣也，父子也，夫妇也，昆弟也，朋友也。五者，天下之达道。智仁勇三者，天下之达德也。所以行之者，一也。或生而知之，或学而知之，或困[5]而知之，及其知之，一也。或安而行之，或利而行之，或勉强而行之，及其成功，一也。"

公曰："子之言美矣，至矣！寡人实固，不足以成之也。"

孔子曰："好学近乎智，力行近乎仁，知耻近乎勇。知斯三者，则知所以修身；知所以修身，则知所以治人；知所以治人，则能成天下国家者矣。”

公曰：“政其尽此而已乎？”

孔子曰：“凡为天下国家有九经，曰修身也，尊贤也，亲亲也，敬大臣也，体群臣也，重庶民[6]也，来百工也，柔远人[7]也，怀诸侯也。夫修身则道立，尊贤则不惑，亲亲则诸父[8]兄弟不怨，敬大臣则不眩，体群臣则士之报礼重[9]，重庶民则百姓劝，来百工则财用足，柔远人则四方归之，怀诸侯则天下畏之。”

公曰：“为之奈何？”

孔子曰：“斋洁盛服[10]，非礼不动，所以修身也。去谗远色，贱财而贵德，所以尊贤也。爵其能[11]，重其禄，同其好恶，所以笃亲亲也。官盛任使[12]，所以敬大臣也。忠信重禄，所以劝士也。时使薄敛，所以劝百姓也。日省月试[13]，饩廪称事，所以来百工也。送往迎来，嘉善而矜不能，所以绥远人[14]也。继绝世，举废邦[15]，治乱持危，朝聘以时，厚往而薄来，所以怀诸侯也。治天下国家有九经，其所以行之者，一也。凡事豫[16]则立，不豫则废。言前定则不跲，事前定则不困，行前定则不疚[17]，道前定则不穷。在下位不获于上，民弗可得而治矣。获于上有道：不信于友，不获于上矣。信于友有道：不顺于亲[18]，不信于友矣。顺于亲有道：反诸身不诚，不顺于亲矣。诚身有道，不明于善，不诚于身矣。诚者，天之道也；诚之[19]者，人之道也。夫诚，弗勉而中，不思而得，从容[20]中道，圣人之所以定体也；诚之者，择善而固执之者也。"

公曰："子之教寡人备矣，敢问行之所始？"

孔子曰："立爱自亲始，教民睦也；立敬自长始，教民顺也。教之慈睦，而民贵有亲；教以敬，而民贵用命。民既孝于亲，又顺以听命，措诸天下，无所不可。"

公曰："寡人既得闻此言也，惧不能果行而获罪咎。"

【注释】

①哀公：鲁哀公，姓姬名蒋，“哀”为谥号。

②布在方策：记载在木板和竹简上。方：书写用的木板。策：竹简。

③蒲卢：旧注：“蒲卢，蜾蠃也，谓土蜂也。取螟蛉而化之以为子，为政化百姓，亦如之者也。”一说指芦苇，性柔而生长快速。

④达道：天下古今共同遵守的道理。

⑤困：困苦，阻塞。

⑥子庶民：以平民百姓为子。

⑦柔远人：厚待远方来的人。

⑧诸父：指父辈的族人，如叔伯等。

⑨报礼重：回报的礼重。

⑩齐洁盛服：斋戒沐浴，使身心洁静，身穿盛服。齐：通“斋”。

⑪爵其能：给有能力的人加官晋爵。

⑫官盛任使：官吏很多，听凭差遣。

⑬日省月考：每天省察，每月考核。

⑭绥远人：安抚边远地方的人民。绥：安抚。

⑮举废邦：复兴已经没落的邦国。

⑯豫：事先准备。

⑰疚：惭愧。

⑱不顺于亲：不听从父母的教导。

⑲诚之：按诚去做。

⑳从容：安闲舒缓，不慌不忙。中道：合乎道。

【译文】

鲁哀公向孔子询问治国之道。

孔子回答说："周文王、周武王的治国方略，记载在简册上。这样的贤人在世，他的治国措施就能施行；他们去世，他们的治国措施就不能施行了。天之道就是勤勉地化生万物，人之道就是勤勉地处理政事，地之道就是迅速地让树木生长。政治，就像土蜂取螟蛉之子化为自己的儿子一样快速，得到教化就能很快成功，所以治理国家最重要的是得到人才。选取人才在于修养自身，修养道德要以仁为本。仁，就是具有爱人之心，爱亲人是最大的仁；义，就是事事做得适宜，尊重贤人是最大的义。爱亲人要分亲疏，尊重贤人要有等级，这就产生了礼。礼，这是政治的根本，因此君子不可以不修身。想要修身，不能不侍奉父母；要侍奉父母，不能不了解人；要了解人，不能不知天。天下共通的人伦大道有五条，用来实行这五条人伦大道的德行有三种。君臣之道，父子之道，夫妇之道，兄弟之道，朋友之道，这五条是天下共通的大道。智、仁、勇三种品德，是天下共通的道德。实行这些的目标都是一致的。有的人天生就知道，有的

人通过学习才知道，有的人经历了困苦才知道，最终都知道了，这是一样的。有的人心安理得地去做，有的人为了名利去做，有的人被迫勉强去做，最终成功了，都是一样的。”

哀公说：“您说得太好了，达到极点了，但我实在鄙陋，不足以成就这些。”

孔子说：“喜欢学习近于有智慧，努力实行近于有仁心，知道耻辱近于有勇气。知道了这三者，就知道了如何修身；知道如何修身，就知道如何治理人；知道如何治理人，就能完成治理国家的事情了。”

哀公问：“治理国家的事到此就完了吗？”

孔子说：“凡是治理天下国家有九条原则，那就是：修养自身，尊重贤人，亲爱亲人，敬重大臣，体恤群臣，爱民如子，招纳工匠，优待远客，安抚诸侯。修养自身就能确立正道，尊重贤人就不会困惑，亲爱族人叔伯兄弟就不会怨恨，敬重大臣遇事就不会迷惑，体恤群臣士人的回报就会更加厚重，爱民如子百姓就会努力工作，招纳百工财物就会充足，优待远客四方之人就会归顺，安抚诸侯天下人就会敬畏。”

哀公问：“怎么做呢？”

孔子说：“像斋戒那样穿着庄重的服装静心虔诚，不符合礼仪的事坚决不做，这就是修养自身的原则。驱除小人，疏远女色，看轻财物而重视德行，这就是尊重贤人的原则。给有才能的人加官晋爵，给以丰厚的俸禄，与他们爱憎一致，这就是让亲人更加亲爱的原则。官员众多足供任使，这就是劝勉大臣的原则。真心诚意地任用，给以丰厚的俸禄，这就是奖劝士人的原则。劳役不误农时，减少赋税，这就是爱民如子的原则。每天省察，每月考核，付给的工钱粮米与工作业绩相称，这就是奖劝百工的原则。来时欢

迎，去时欢送，嘉奖有善行的人而怜惜能力差的人，这就是优待远客的原则。延续绝嗣的家族，复兴废亡的小国，治理祸乱，扶持危弱，按时接受诸侯朝见聘问，赠送丰厚，纳贡菲薄，这就是安抚诸侯的原则。治理天下国家有九条原则，实行这些原则的方法只有一个。任何事情，事先有准备就会成功，无准备就会失败。说话先有准备，语言就会顺畅；做事先有准备，就不会出现困窘；行动先有准备，就不会愧疚；道路预先选定，就不会阻碍不通。在下位的人得不到在上位人的信任，就不可能治理好民众。得到在上位人的信任是有规则的，得不到朋友的信任，就得不到在上位人的信任。得到朋友的信任是有规则的，不能让父母顺心，就得不到朋友的信任。让父母顺心是有规则的，反省自己不真诚，就不能让父母顺心。使自己真诚是有规则的，不明白什么是善，就不能使自己真诚。真诚，是上天的原则；追求真诚，是做人的原则。如果有诚心，不用勉强就能做到，不用思考就能拥有，从从容容就能符合中庸之道，这是圣人表现出来的形象。真诚的人，就是选择好善的目标执着追求的人。”哀公说：“您教给我的方法已经很完备了，请问从什么地方开始实施呢？”

孔子说：“树立仁爱从爱父母开始，可以教民众和睦；树立恭敬从尊敬长辈开始，可以教民众顺从。教人慈爱和睦，民众就会认为亲人是最宝贵的；教人恭敬，民众就会认为服从命令是最重要的。民众既能孝顺父母，又能听从命令，让他们做天下的任何事情，没有不行的。”

鲁哀公说：“我既已听到了这些话，很害怕不能果断地实行而犯错误。”

颜　回

【原文】

鲁定公问于颜回曰："子亦闻东野毕[1]之善御乎？"对曰："善则善矣，虽然，其马将必佚[2]。"定公色不悦，谓左右曰："君子固有诬[3]人也。"

颜回退。后三日，牧来诉之曰："东野毕之马佚，两骖曳两服人于厩[4]。"公闻之，越席而起，促驾召颜回。回至，公曰："前日寡人问吾子以东野毕之御，而子曰'善则善矣，其马将佚'，不识吾子奚以知之？"

颜回对曰："以政知之。昔者帝舜巧于使民，造父[5]巧于使马。舜不穷其民力，造父不穷其马力，是以舜无佚民，造父无佚马。今东野毕之御也，升马执辔，衔体正矣；步骤驰骋，朝礼毕矣[6]；历险致远，马力尽矣，然而犹乃求马不已。臣以此知之。"

公曰："善！诚若吾子之言也。吾子之言，其义大矣，愿少进乎？"颜回曰："臣闻之，鸟穷则啄，兽穷则攫[7]，人穷则诈，马穷则佚。自古及今，未有穷其下而能无危者也。”

公悦，遂以告孔子。孔子对曰：“夫其所以为颜回者，此之类也，岂足多哉？”

【注释】

①东野毕：春秋时善于驾车的人，也作东野稷。

②佚：走失，失散。

③诬：欺骗。《荀子·哀公》作“谗”，指背后说人坏话。

④骖：古代驾车时位于两旁的马。服：驾车时居中的马称服。厩：马棚。

⑤造父：西周时期一位善于驾车的人。

⑥朝礼毕矣：指马的步法已调理完毕。

⑦攫：用爪子抓。

【译文】

鲁定公问颜回：“你也听说过东野毕善于驾车的事吗？”颜回回答说：“他确实善于驾车，尽管如此，他的马必定会散失。”鲁定公听了很不高兴，对身边的人说："君子中竟然也有骗人的人。"

颜回退下。过了三天，养马的人来告诉说："东野毕的马散失了，两匹骖马拖着两匹服马进了马棚。"鲁定公听了，越过席站起来，立刻让人驾车去接颜回。颜回来了，鲁定公说："前天我问你东野毕驾车的事，而你说：'他确实善于驾车，但他的马一定会走失。'我不明白您是怎样知道的？"

颜回说："我是根据政治情况知道的。从前舜帝善于役使百姓，造父善于驾御马。舜帝不用尽民力，造父不用尽马力，因此舜帝时代没有流民，造父没有走失的马。现在东野毕驾车，让马驾上车拉紧缰绳，上好马嚼子；时而慢跑时而快跑，步法已经调理完成；经历险峻之地和长途奔跑，马的力气已经耗尽，然而还让马不停地奔跑。我因此知道马会走失。"

鲁定公说："说得好！的确如你说的那样。你的这些话，意义很大啊！希望能进一步地讲一讲。”颜回说：“我听说，鸟急了会啄人，兽急了会抓人，人走投无路则会诈骗，马筋疲力尽则会逃走。从古至今，没有使手下人陷入困穷而他自己没有危险的。”

鲁哀公听了很高兴，于是把此事告诉了孔子。孔子对他说：“他所以是颜回，就因为常有这一类的表现，不足以过分地称赞啊！”

子路初见

【原文】

子路见孔子，子曰："汝何好乐？"对曰："好长剑。"孔子曰："吾非此之问也。徒谓以子之所能，而加之以学问，岂可及哉？"子路曰："学岂益哉也？"孔子曰："夫人君而无谏臣则失正，士而无教友则失听。御狂马不释策[①]，操弓不反檠[②]。木受绳则直，人受谏则圣。受学重问，孰不顺哉？毁仁恶士，必近于刑。君子不可不学。"

子路曰："南山有竹，不柔自直，斩而用之，达于犀革[③]。以此言之，何学之有？"孔子曰："栝而羽之[④]，镞而砺之[⑤]，其入之不亦深乎？"子路再拜曰："敬而受教。"

【注释】

①不释策：不放下马鞭子。旧注：“御狂马者不得释棰策也。”

②操弓不反檠：正在拉开的弓箭不能用檠来校正。檠：校正弓的器具。弓不反于檠，然后可持也。

③达于犀革：射穿犀牛皮。

④栝而羽之：给箭栝装上箭羽。

⑤镞而砺之：装上磨锋利的箭头。

【译文】

子路初次拜见孔子，孔子说：“你有什么爱好？”子路回答说：“我喜欢长剑。”孔子说：“我不是问你这个。我是说以你的能力，再加上努力学习，谁能赶得上你呢！”子路说：“学习真的有用吗？”

孔子说：“国君如果没有敢谏的臣子就会失去

正道，读书人没有敢指正问题的朋友就听不到善意的批评。驾驭正在狂奔的马不能放下马鞭，已经拉开的弓不能用檠来匡正。木料用墨绳来矫正就能笔直，人接受劝谏就能成为圣人。接受知识，重视学问，谁能不顺利成功呢？诋毁仁义厌恶读书人，必定会触犯刑律。所以君子不可不学习。”

子路说：“南山有竹子，不矫正自然就是直的，砍下来用作箭杆，可以射穿犀牛皮。以此说来，哪用学习呢？”孔子说：“做好箭栝还要装上羽毛，做好箭头还要打磨锋利，这样射出的箭不是射得更深吗？”子路再次拜谢说：“恭敬地接受您的教诲。”

【原文】

子路将行，辞于孔子。子曰："赠汝以车乎？赠汝以言乎？"子路曰："请以言。"

孔子曰："不强不达[①]，不劳无功，不忠无亲，不信无复[②]，不恭失礼。慎此五者而已。"

子路曰："由请终身奉之。敢问亲交取亲[③]若何？言寡可行[④]若何？长为善士而无犯若何？"

孔子曰："汝所问苞[⑤]在五者中矣。亲交取亲，其忠也；言寡可行，其信乎；长为善士而无犯，其礼也。"

【注释】

①不强不达：不努力坚持就达不到目的。旧注：“人不以强力则不能自达。”

②不信无复：不讲信用别人就不会再相信。旧注：“信近于义，言可复也。今而不信，则无可复。”

③亲交取亲：取得新结交朋友的信任。亲交：新结交的人。取亲：取得信任，成为亲近的朋友。

④言寡可行：话说得少但可行。

⑤苞：通“包”。

【译文】

子路将要出行，向孔子辞行。孔子说：“我送给你车呢，还是送给你一些忠告呢？”子路说：“请给我些忠告吧。”

孔子说：“不持续努力就达不到目的，不劳动就没有收获，不忠诚就没有亲人，不讲信用别人就不再信任你，不恭敬就会失礼。谨慎地处理好这五个方面就可以了。”

子路说：“我将终生记在心头。请问取得新结交的人的信任需要怎么做？说话少而事情又能行得通需要怎么做？一直都是善人而不受别人侵犯需要怎么做？”

孔子说：“你所问的问题都包括在我讲的五个方面了。要取得新结识的人的信任，那就是诚实；说话少事情又行得通，那就是讲信用；一向为善而不受别人侵犯，那就是遵行礼仪。”

在　厄

【原文】

楚昭王[1]聘孔子，孔子往拜礼焉，路出于陈、蔡[2]。陈、蔡大夫相与谋曰：“孔子圣贤，其所刺讥皆中诸侯之病。若用于楚，则陈、蔡危矣。”遂使徒兵距孔子[3]。

孔子不得行，绝粮七日，外无所通，藜羹[4]不充，从者皆病。孔子愈慷慨讲诵，弦歌不衰[5]。乃召子路而问焉，曰：“《诗[6]》云：‘匪兕匪虎[7]，率彼旷野[8]。’吾道非乎，奚为至于此？”

子路愠，作色而对曰：“君子无所困。意者[9]夫子未仁与？人之弗吾信也；意者夫子未智与？人之弗吾行也。且由也昔者闻诸夫子：‘为善者天报之以福，为不善者天报之以祸。’今夫子积德怀义，行之久矣，奚居之穷也？”

子曰：“由未之识也，吾语汝！汝以仁者为必信也，则伯夷、叔齐不饿死首阳；汝以智者为必用也，则王子比干不见剖心；汝以忠者为必报也，则关龙逢不见刑[10]；汝以谏者为必听也，则伍子胥[11]不见杀。夫遇不遇者，时也；贤不肖者，才也。君子博学深谋而不遇时者，众矣，何独丘哉？且芝兰生于深林，不以无人而不芳；君子修道立德，不为穷困而败节。为之者，人也；生死者，命也。是以晋重耳[12]之有霸心，生于曹卫[13]；越王勾践[14]之有霸心，生于会稽[15]。故居下而无忧者，则思不远；处身而常逸者，则志不广，庸知其终始乎？”

子路出，召子贡，告如子路。子贡曰：“夫子之道至大，故天下莫能容夫子，夫子盍少贬焉？”子曰：“赐，良农能稼，不必能穑[16]；良工能巧，不能为顺；君子能修其道，纲而纪之[17]，不必其能容。今不修其道而求其容，赐，尔志不广矣，思不远矣。”

子贡出，颜回入，问亦如之。颜回曰：“夫子之道至大，天下莫能容。虽然，夫子推而行之。世不我用，有国者之丑也，夫子何病焉？不容，然后见君子。”

孔子欣然叹曰：“有是哉，颜氏之子！使尔多财，吾为尔宰[18]。”

【注释】

①楚昭王：楚平王之子，名壬，谥昭。

②陈、蔡：春秋时诸侯国名。

③徒兵：步兵。距：同“拒”，阻拦。

④藜羹：菜汤。此指粗劣的食物。

⑤弦歌：以琴瑟伴奏而歌。不衰：不停止。

⑥诗：指《诗经·小雅·何草不黄》。

⑦匪兕匪虎：不是犀牛不是老虎。兕：雌的犀牛。

⑧率彼旷野：来到旷野。率：沿着。

⑨意者：想来。

⑩关龙逢不见刑：夏桀为长夜饮，关龙逢劝谏，被杀害。

⑪伍子胥：春秋时楚国人，名员。父兄均被楚平王杀害，他逃到吴国。与孙武共佐吴王阖闾伐楚，五战攻入郢都，掘楚平王墓，鞭尸三百。吴王夫差打败

越国，越国勾践请和，夫差允诺。伍子胥劝谏不听，被迫自杀。见杀：被杀。

⑫重耳：春秋时晋献公次子，即春秋五霸的晋文公。

⑬生于曹卫：生：指困于曹卫而后生，即重新兴盛。旧注：“重耳，晋文公也。为公子时，出奔，困于曹卫。”

⑭越王勾践：春秋时越王，也作句践。他被吴王夫差打败后，困于会稽，屈膝求和。其后卧薪尝胆，发愤图强，经过十年，终于灭掉吴国。

⑮生于会稽：此指勾践称霸之心是在困于会稽时产生的。

⑯良农能稼，不必能穑：穑：收获。旧注：“种之为稼，敛之为穑。言良农能善种之，未必能敛获之也。”

⑰纲而纪之：抓住关键来治理。

⑱宰：旧注：“宰，主财者。为汝主财，意志同也。”

【译文】

楚昭王聘请孔子到楚国去，孔子去拜谢楚昭王，途中经过陈国和蔡国。陈国、蔡国的大夫一起谋划说：“孔子是位圣贤，他所讥讽批评的都切中诸侯的问题，如果被楚国聘用，那我们陈国、蔡国就危险了。”于是派兵阻拦孔子。

孔子不能前行，断粮七天，也无法和外边取得联系，连粗劣的食物也吃不上，跟随他的人都病倒了。这时孔子更加慷慨激昂地讲授学问，用琴瑟伴奏不停地唱歌。还找来子路问道：“《诗经》说：‘不是野牛不是虎，却都来到荒野上。’我的道难道有什么不对吗？为什么到了这个地步啊？”

子路一脸怨气，不高兴地回答说："君子是不会被什么东西困扰的。想来老师的仁德还不够吧，人们还不信任我们；想来老师的智慧还不够吧，人们不愿推行我们的主张。而且我从前就听老师讲过：'做善事的人上天会降福于他，做坏事的人上天会降祸于他。'如今老师您积累德行心怀仁义，推行您的主张已经很长时间了，怎么处境如此困穷呢？"

孔子说："由啊，你还不懂得啊！我来告诉你。你以为仁德的人就一定被人相信？那么伯夷、叔齐就不会被饿死在首阳山上；你以为有智慧的人一定会被任用？那么王子比干就不会被剖心；你以为忠心的人必定会有好报？那么关龙逢就不会被杀；你以为忠言劝谏一定会被采纳？那么伍子胥就不会被迫自杀。遇不遇到贤明的君主，是时运的事；贤还是不贤，是才能的事。君子学识渊博深谋远虑而时

运不济的人多了，何止是我呢！况且芝兰生长在森林之中，不因为无人欣赏而不芳香；君子修养身心培养道德，不因为穷困而改变节操。如何做在于自身，是生是死在于命。因而晋国重耳的称霸之心，产生于曹卫；越王勾践的称霸之心，产生于会稽。所以说居于下位而无所忧虑的人，是思虑不远；安身处世总想安逸的人，是志向不大，怎能知道他的终始呢？”

子路出去了，孔子叫来子贡，又问了同样的问题。子贡说：“老师您的道实在博大，因此天下容不下您，您何不把您的道降低一些呢？”孔子说：“赐啊，好的农夫会种庄稼，不一定会收获；好的工匠能做精巧的东西，不一定能顺遂每个人的意愿；君子能培养他的道德学问，抓住关键创立政治主张，别人不一定能采纳。现在不修养自己的道德学问而要求别人能采纳，赐啊，这说明你的志向不远大，思想不深远啊。”

子贡出去以后，颜回进来了，孔子又问了他同样的问题。颜回说：“老师的道太广大了，天下也容不下。虽然如此，您还是竭力推行。世人不用，那是当权者的耻辱，您何必为此忧虑呢？不被采纳才看出您是君子。”

孔子听了高兴地感叹说：“你说得真对呀，颜家的儿子！假如你有很多钱，我就来给你当管家。”

【原文】

孔子厄[①]于陈蔡，从者七日不食。子贡以所赍[②]货，窃犯围而出[③]，告籴于野人[④]，得米一石焉。颜回、仲由炊之于坏屋之下，有埃墨[⑤]堕饭中，颜回取而食之。子贡自井望见之，不悦，以为窃食也。

入问孔子曰："仁人廉士，穷改节乎？"孔子曰："改节即何称于仁义哉？"子贡曰："若回也，其不改节乎？"子曰："然。"子贡以所饭告孔子。子曰："吾信回之为仁久矣，虽汝有云，弗以疑也，其或者必有故乎？汝止，吾将问之。"

召颜回曰："畴昔[⑥]予梦见先人，岂或启佑[⑦]我哉？子炊而进饭，吾将进焉。"对曰："向有埃墨堕饭中，欲置之，则不洁；欲弃之，则可惜。回即食之，不可祭也。"孔子曰："然乎，吾亦食之。"

颜回出，孔子顾谓二三子曰："吾之信回也，非待今日也。"二三子由此乃服之。

【注释】

①厄：受困。

②赍：携带。

③窃：私下，偷偷地。犯围：冲出包围。

④籴：买米。野人：乡野之人，农民。

⑤埃墨：烟熏的黑尘。

⑥畴昔：往日。

⑦启佑：开导保佑。

【译文】

孔子受困于陈、蔡之地，跟随的人七天吃不上饭。子贡拿着携带的货物，偷偷跑出包围，请求村民让他换些米，得到一石米。颜回、仲由在一间土屋下煮饭，有块熏黑的灰土掉到饭中，颜回把弄脏的饭取出来吃了。子贡在井边望见了，很不高兴，以为颜回在偷吃。

他进屋问孔子："仁人廉士在困穷时也会改变节操吗？"孔子说："改变节操还称得上仁人廉士吗？"子贡问："像颜回这样的人，他不会改变节操吧？"孔子说："是的。"子贡把颜回吃饭的事告诉了孔子。孔子说："我相信颜回是仁德之人已经很久了，虽然你这样说，我还是不怀疑他，那样做或者一定有原因吧。你待在这里，我来问问他。"

孔子把颜回叫进来说："前几天我梦见了祖先，这难道是祖先在启发我们保佑我们吗？你做好饭赶快端上来，我要进献给祖先。"颜回说："刚才有灰尘掉入饭中，如果留在饭中则不干净；假如扔掉，又很可惜。我就把它吃了，这饭不能用来祭祖了。"孔子说："这样的话，我也会吃掉。"

颜回出去后，孔子看着弟子们说："我相信颜回，不是等到今天啊！"弟子们由此叹服颜回。

入　官

盲人

【原文】

子张问入官[①]于孔子。孔子曰："安身取誉为难。"子张曰："为之如何？"

孔子曰："己有善勿专，教不能勿怠，已过勿发[②]，失言勿掎，不善勿遂[③]，行事勿留。君子入官，自此六者，则身安誉至而政从矣。

"且夫忿数者，官狱所由生也；拒谏者，虑之所以塞也；慢易[④]者，礼之所以失也；怠惰者，时之所以后也；奢侈者，财之所以不足也；专独者，事之所以不成也。君子入官，除此六者，则身安誉至而政从矣。

"故君子南面临官，大域之中而公治之，精智而略行之，合是忠信，考是大伦[⑤]，存是美恶，进是利而除是害，无求其报焉，而民之情可得也。夫临之无抗民之恶，胜之无犯民之言，量之无佼民之辞，养之无扰于其时，爱之无宽于刑法。若此，则身安誉至而民得也。

“君子以临官，所见则迩[6]，故明不可蔽也。所求于迩，故不劳而得也。所以治者约，故不用众而誉立。凡法象在内，故法不远而源泉不竭，是以天下积而本不寡。短长得其量，人志治而不乱政。德贯乎心，藏乎志，形乎色，发乎声，若此，而身安誉至民咸自治矣。

“是故临官不治则乱，乱生则争之者至。争之至，又于乱。明君必宽裕以容其民，慈爱优柔[7]之，而民自得矣。行者，政之始也；说者，情之导也。善政行易则民不怨，言调说和则民不变。法在身则民象之[8]，明在己则民显之。若乃供己而不节，则财利之生者微矣；贪以不得，则善政必简矣。苟以乱之，则善言必不听也；详以纳之，则规谏日至。言之善者，在所日闻；行之善者，在所能为。故君上者，民之仪也；有司执政者，民之表也；迩臣便僻者[9]，群仆之伦也。故仪不正则民失，表不端则百姓乱，迩臣便僻则群臣污矣。是以人主不可不敬乎三伦。

“君子修身反道，察理言而服之，则身安誉至，终始在焉。故夫女子必自择丝麻，良工必自择完材[10]，贤君必自择左右。劳于取人，佚于治事。君子欲誉，则必谨其左右。为上者，譬如缘木焉，务高而畏下滋甚。六马之乖离[11]，必于四达之交衢；万民之叛道，必于君上之失政。上者尊严而危，民者卑贱而神。爱之则存，恶之则亡。长民者必明此之要。故南面临官，贵而不骄，富而能供[12]，有本而能图末，修事而能建业，久居而不滞，情近而畅乎远，察一物而贯乎多。治一物而万物不能乱者，以身为本者也。

“君子莅民，不可以不知民之性而达诸民之情。既知其性，又习其情，然后民乃从命矣。故世举则民亲之，政均则民无怨。故君子莅民，不临以高，不导以远，不责民之所不为，不强民之所不能。以明王之功，不因其情，则民严而不迎；笃[13]之以累年之业，不因其力，则民引而不从。若责民所不为，强民所不能，则民疾，疾则僻矣。古者圣主冕而前旒[14]，所以蔽明也；纮统充耳，所以掩聪也。水至清则无鱼，人至察则无徒。枉而直之⑮，使自得之；优而柔之，使自求之；揆而度之，使自索之⑯。民有小过，必求其善以赦其过；民有大罪，必原其故以仁辅化。如有死罪，其使之生，则善也。是以上下亲而不离，道化流而不蕴。故德者，政之始也。

“政不和，则民不从其教矣。不从教，则民不习。不习，则不可得而使也。君子欲言之见信也，莫善乎先虚其内；欲政之速行也，莫善乎以身先之；欲民之速服也，莫善乎以道御之。故虽服必强。自非忠信，则无可以取亲于百姓者矣。内外不相应，则无已取信于庶民者矣。此治民之至道矣，入官之大统⑰矣。”

子张既闻孔子斯言，遂退而记之。

【注释】

①入官：入仕，做官。

②已过勿发：发：再次发生。

③遂：行，继续做下去。

④慢易：轻慢，不庄重。

⑤大伦：伦常大道。指人与人之间关系的根本准则。

⑥迩：近。旧注："所见迩，谓察于微也。"

⑦优柔：宽舒，从容。

⑧法在身则民象之：自身用法度来约束，百姓就会效法而遵守法纪。

⑨迩臣：近臣，身边的大臣。便僻：当作"便辟"，逢迎谄媚的人。此指君王身边受宠幸的臣子。

⑩貌材：良好的材料。

⑪乖离：离散，不合。

⑫供：恭敬。“供”通“恭”。

⑬笃：深厚，厚实。

⑭旒：古时帝王王冠上前后悬垂的玉饰。

⑮枉而直之：使弯曲的东西变直。

⑯揆而度之，使自索之：遇事要估量揣度，让自己思索得出结论。

⑰大统：最重要的纲领、原则。

【译文】

子张向孔子询问做官的事。孔子说：“做到官位稳固又能有好的名声很难。”子张说：“那该怎么办呢？”

孔子说：“自己有长处不要独自拥有，教别人学习不要懈怠，已出现的过错不要再次发生，说错了话不要为之辩护，不好的事不要继续做下去，正在做的事不要拖延。君子做官能做到这六点，就可以使地位

稳固声誉好，从而政事也会顺利。

“况且，怨恨多了，牢狱之灾就会发生；拒绝劝谏，思虑就会受到阻塞；行为不庄重谨慎，就会失礼；做事松懈懒惰，就会丧失时机；办事奢侈，财物就不充足；专断独权，事情就办不成。君子做官，去掉这六种毛病，就可以使地位稳固声誉好，从而政事也会顺利。

“因此君子一旦做了官，治理广大的区域，就要以公心来治理，精心地思考而简要地推行，再加上以上所讲的六点忠信品德，考虑哪些是伦理道德的最高准则，把好事和坏事合并考察，推广有利的，除去有害的，不追求别人的报答，这样就可以得到民情了。治理民众没有逆天虐民的恶行，自己有理也不说冒犯民众的话，处理政事没有欺骗百姓的狡诈之辞，为了百姓安居乐业劳役不要违背农时，爱护百姓不能比刑法更宽。如果能做到这样，就可以使地位稳固声誉好，从而政事也会顺利。

“君子做官，身边的事看得清楚，就会心明眼亮不受蒙蔽。先从近处寻找自己需要的东西，这样不用费很大力气就可以得到。治理国家抓住了主要问题，不用兴师动众就可以获得好名声。凡内心存在准则、榜样，那么准则、榜样离自己不远，就如同源泉不会枯竭一样，因此天下人才汇聚而不会缺乏。根据才能的不同都得到任用，人才各得其用，政治就不会混乱。良好的德行贯穿于内心，藏在心志之中，显露在表情上，发表于言谈上，这样，官位就会稳固，好名声随之而至，民众自然就会得到治理。

“由此看来，身居官位不善于治理就会发生混乱，混乱发生竞争的人就会出现。竞争的局面发生，

政治会更加混乱。英明的君主必须宽容地对待百姓，用慈爱之心去安抚他们，自然就会得到民众的拥护。身体力行，是执好政的前提；让百姓高兴，他们的情绪就可以得到疏导。良好的政治措施易于执行而民众也不会有怨言，言论说法符合民心，民众就不会有二心。自己以身作则遵守法律，民众就会以你为榜样；自己正大光明，民众则会颂扬你。如果自己贪图享受而不节俭，那么生产财富的人就不努力生产了；贪图财物又胡乱花费，那么好的政治措施也简约不用了。假如政治出现了混乱，那么好的意见必然听不进去；如果仔细审慎地采纳别人的建议，那么天天都会有人进谏。能说出美好的语言，在于每天能听取别人的意见；能有美好的行为，在于能亲身去做。所以说统治民众的君王，是民众的榜样；各级政府的官员，是民众的表率；君王身边的侍御大臣，是臣仆们的样板。所以说榜样不正，百姓就失去了方向；表率不正，百姓就会混乱；侍御大臣不正，群臣就会变坏。因此治国的君主不可不谨慎地遵守各种伦理道德。

“君子遵循道来修身，仔细辨别哪些是正确的道理来行事，地位就可巩固，名望也随之而至，终生受用无穷。所以女子织布一定要亲自挑选丝麻，优秀的工匠一定要亲自挑选材料，贤明的君主一定要亲自挑选身边的大臣。选拔人才辛苦一些，治理政事时就轻松一些。君子要想得到美誉，也要谨慎选择交往的人。在上位的人，就好像爬树一样，爬得越高越害怕掉下来。拉车的六匹马分散乱跑，一定是在四通八达的交叉路口；百姓造反，必定是因为君王政治措施的错误。在上者虽然尊严却是有危险的，民众虽然卑贱却是有神力的。民众热爱你，你就能存

在；民众厌恶你，你就要灭亡。治理民众的人必须要明了这个道理的重要。因此在上为官，地位虽然高贵也不要骄横，富有了也要谨慎恭敬，有了根本还要考虑细枝末节，做好了事还要建功立业，有了长时间的安定局面仍然要不停地努力，近处的感情沟通了还要畅达到远方，观察一件事物要能联想多种事物。治理一件事而万事都能不乱，是因为能够以身作则的缘故。

“君子统治民众，不可不了解民众的性情，进而了解民众的感情。既已知道了民性，而又熟悉了民情，然后民众才能服从你的管理。因此国家安定民众就会爱戴国君，政策公平合理民众就无怨言。所以君子治国，不能只是高高在上，不能做远不可及的事，不责备民众做不愿做的事，不强求民众做不能完成的事。为了扩大贤明君王那样的功业，不顾民情，那么民众表面恭敬实际却不愿迎合。为了增加已有的业绩，不顾民力，那么民众就会逃避而不服从。如果强迫民众做他们不愿做的事，强迫他们做不能完成的事，民众就会痛恨，痛恨就会做出一些不当的事。古代的圣明君主戴着前面悬垂着玉的帽子，是用来遮蔽亮光的；垂于冠冕两边悬填的带子挡住耳朵，是用来遮蔽听觉的。水太清就没有鱼了，人极其明察就没有追随者了。百姓做错了事需要改正，要使百姓自已有所认识；宽厚柔和地对待百姓，让他们自己去发现错误；度量百姓的情况来教育他们，让他们自己明白对错。百姓犯了小罪，一定要找出他们的长处，赦免他们的过错；百姓犯了大罪，一定要找出犯罪的原因，用仁爱的思想教育他们，使他们改过从善；如果犯了死罪，惩治后使他们得到新生，那就更好了。这样君臣百姓上下亲和而不离心离德，治理国家的措施就能

够推行而不阻塞。所以说执政者的道德，是政治好坏的前提。

“政令不切合实际，民众就不会服从教导；不服从教导，民众就不习惯遵守法令法规；不习惯遵守法令法规，就不能很好地役使和统治他们了。君子要想使自己的话被别人相信，最好的办法是虚心听取意见；要想政治措施迅速推行，最好的办法是身体力行；要想使民众迅速服从，最好的办法是以正确之道来治理国家。不以正确之道治理，民众即使服从也是勉强的。不依靠忠信，就不可能取得百姓的亲近和信任。朝廷和民众不能相互了解沟通，就不能取信于平民百姓。这是治理民众的最重要的原则，也是入仕做官者最重要的纲领。”

子张听了孔子这番话，就回去记录下来。

困 誓

【原文】

子贡问于孔子曰："赐倦于学，困于道矣，愿息而事君，可乎？"孔子曰："《诗》[1]云：'温恭朝夕[2]，执事有恪[3]。'事君之难也，焉可息哉！"

曰："然则赐愿息而事亲。"孔子曰："《诗》[4]云：'孝子不匮[5]，永锡尔类[6]。'事亲之难也，焉可以息哉！"

曰："然则赐请息于妻子。"孔子曰："《诗》[7]云：'刑于寡妻[8]，至于兄弟，以御于家邦[9]。'妻子之难也，焉可以息哉！"

曰："然则赐愿息于朋友。"孔子曰："《诗》[10]云：'朋友攸摄[11]，摄以威仪[12]。'朋友之难也，焉可以息哉！"

曰："然则赐愿息于耕矣。"孔子曰："《诗》[13]云：'昼尔于茅[14]，宵尔索绹[15]，亟其乘屋[16]，其始播百谷。'耕之难也，焉可以息哉！"

曰："然则赐将无所息者也？"孔子曰："有焉。自望其广[17]，则睪如[18]也；视其高，则填[19]如也；察其从，则隔[20]如也。此其所以息也矣。”

子贡曰：“大哉乎死也！君子息焉，小人休焉。大哉乎死也！”

【注释】

①《诗》：此指《诗经·商颂·那》。

②温恭朝夕：成天都要温和恭敬。

③执事有恪：行事要恭敬谨慎。

④《诗》：此指《诗经·大雅·既醉》。

⑤孝子不匮：孝子的孝心永不竭。

⑥永锡尔类：孝的法则永远传递。

⑦《诗》：此指《诗经·大雅·思齐》。

⑧刑于寡妻：给妻子做出典范。刑：典范。寡妻：指嫡妻。

⑨以御于家邦：以此来治理国家。御：治理。家邦：国家。

⑩《诗》：此指《诗经·大雅·既醉》。

⑪朋友攸摄：朋友要互相帮助。攸：语助词。摄：佐助。

⑫摄以威仪：使礼仪合度。

⑬《诗》：此指《诗经·豳风·七月》。

⑭昼尔于茅：白天去割茅草。尔：语助词。于，取：引申为割。

⑮宵尔索绹：晚上搓绳。

⑯亟(jí)其乘屋：急急忙忙盖屋顶。

⑰广：通“圹”，坟墓。

⑱睪如：高高的样子。

⑲填：填塞充实。旧注：“填，塞实貌也。冢虽高而塞实也。”

⑳隔：隔开。旧注：“言其隔而不得复相从也。”

【译文】

子贡向孔子问道：“我对学习已经厌倦了，对于道又感到困惑不解，想去侍奉君主以得到休息，可以吗？”孔子说：“《诗经》里说：‘侍奉君王从早到

晚都要温文恭敬，做事要恭谨小心。’侍奉君主是很难的事情，怎么可以休息呢？”

子贡说：“那么我希望去侍奉父母以得到休息。”孔子说：“《诗经》里讲：‘孝子的孝心永不竭，孝的法则要永远传递。’侍奉父母也是很难的事，怎么可以休息呢？”

子贡说：“我希望在妻子儿女那里得到休息。”孔子说：“《诗经》里说：‘要给妻子做出典范，进而至于兄弟，推而治理宗族国家。’与妻子儿女相处也是很难的事，哪能够得到休息呢？”

子贡说：“我希望在朋友那里得到休息。”孔子说：“《诗经》里说：‘朋友之间互相帮助，使彼此举止符合威仪。’和朋友相处也是很难的，哪能够得到休息呢？”

子贡说：“我希望去种庄稼来得到休息。”孔子说：“《诗经》里说：‘白天割茅草，晚上把绳搓，赶快修屋子，又要开始去播谷。’种庄稼也是很难的事，哪能够得到休息呢？”

子贡说：“那我就没有可休息的地方了吗？”孔子说：“有的。你从这里看那个坟墓，样子高高的；看它高高的样子，又填得实实的；从侧面看，又是一个个隔开的。这就是休息的地方了。”

子贡说：“死的事是这样重大啊，君子在这里休息，小人也在这里休息。死的事是这样重大啊！”

【原文】

孔子自卫将入晋，至河[①]，闻赵简子杀窦犨鸣犊及舜华[②]，乃临河而叹曰："美哉水，洋洋乎！丘之不济此，命也夫！"

子贡趋而进曰："敢问何谓也？"

孔子曰："窦犨鸣犊、舜华，晋之贤大夫也。赵简子未得志之时，须此二人而后从政。及其已得志也，而杀之。丘闻之刳胎杀夭[③]，则麒麟不至其郊；竭泽而渔，则蛟龙不处其渊；覆巢破卵[④]，则凰凰不翔其邑。何则？君子违伤其类者也。鸟兽之于不义，尚知避之，况于人乎？"

遂还，息于邹[⑤]，作《槃操[⑥]》以哀之。

【注释】

①至河：到了黄河。

②窦犨鸣犊：窦犨：字鸣犊，晋国贤大夫。舜华：晋大夫，亦有贤名。二人均被赵简子所杀。赵简子，即赵鞅，晋定公时为卿，卒谥“简”。

③刳胎杀夭：剖腹取胎。刳：剖开。夭：正在成长的幼小生命。

④覆巢破卵：弄翻鸟巢打破卵。

⑤邹：地名。《史记·孔子世家》作“陬”。在今山东曲阜东南。

⑥槃操：琴曲名。

【译文】

孔子将要从卫国进入晋国，来到黄河边，听

到晋国的赵简子杀了窦犨鸣犊和舜华的消息，就面对黄河叹息着说："黄河的水这样的美啊，浩浩荡荡地流淌！我不能渡过这条河，是命中注定的吧！"

子贡快步走向前问道："请问老师您这话是什么意思啊？"

孔子说："窦犨鸣犊、舜华都是晋国的贤大夫啊，赵简子未得志的时候，依仗他们二人才得以从政。到他得志以后，却把他们杀了。我听说，如果对牲畜有剖腹取胎的残忍行为，那么麒麟就不会来到这个国家的郊外；如果有竭泽而渔的行为，蛟龙就不会在这个国家的水中居住；捅破了鸟巢打破了鸟卵，凤凰就不会在这个国家的上空飞翔。为什么呢？这是因为君子也害怕受到同样的伤害啊！鸟兽对于不仁义的事尚且知道躲避，何况是人呢？”

于是返了回来，回到邹地休息，作了《槃操》一曲来哀悼他们。

【原文】

子路问于孔子曰："有人于此，夙兴夜寐[①]，耕芸树艺[②]，手足胼胝[③]，以养其亲。然而名不称孝，何也？"

孔子曰："意者身不敬与？辞不顺与？色不悦与？古之人有言曰：'人与己与不汝欺[④]。'今尽力养亲，而无三者之阙[⑤]，何谓无孝之名乎？"

孔子曰："由，汝志之，吾语汝：虽有国士之力，而不能自举其身，非力之少，势不可矣。夫内行不修，身之罪也；行修而名不彰，友之罪也。行修而名自立。故君子入则笃行，出则交贤，何谓无孝名乎？"

【注释】

①夙兴夜寐：早起晚睡。

②耕芸树艺：耕地锄草种庄稼。

③手足胼胝：手脚长趼。

④不汝欺：不欺骗你。

⑤阙：缺点。

【译文】

子路问孔子说："这里有一个人，早起晚睡，耕种庄稼，手掌和脚底都磨出了茧子，以此来养活父母。然而却没有得到孝子的名声，这是为什么呢？"

孔子说："想来自身有不敬的行为吧？说话的言辞不够恭顺吧？脸色不温和吧？古人有句话说：'别人的心与你自己的心是一样的，是不会欺骗你的。'现在这个人尽力养亲，如果没有上面讲的三种过错，怎么能没有孝子的名声呢？”

孔子又说：“仲由啊，你记住，我告诉你：一个人即使有全国著名勇士那么大的力量，也不能把自己举起来，这不是力量不够，而是情势上做不到。一个人不很好地修养自身的道德，这是他自己的错误；自身道德修养好了而名声没有彰显，这就是朋友的过错。品行修养好了自然会有名声。所以君子在家行为要淳厚朴实，出外要结交贤能的人。这样怎会没有孝子的名声呢？”

五帝德

【原文】

宰我问于孔子曰："昔者吾闻诸荣伊[1]曰'黄帝[2]三百年川'。请问：黄帝者，人也？抑非人也？何以能至三百年乎？"

孔子曰："禹、汤、文、武、周公，不可胜以观也，而上世黄帝之问，将谓先生难言之故乎[3]！"

宰我曰："上世之传，隐微之说[4]，卒采[5]之辩，暗忽之意，非君子之道者，则予之问也固矣。"

孔子曰："可也，吾略闻其说。黄帝者，少典之子，曰轩辕。生而神灵，弱而能言，幼齐叡庄，敦敏诚信。长聪明，治五气[6]，设五量[7]，抚万民，度四方。服牛乘马，扰驯[8]猛兽，以与炎帝战于阪泉之野，三战而后克之。始垂衣裳[9]，作为黼黻。治民以顺天地之纪，知幽明之故，达生死存亡之说。播时百谷，尝味草木，仁厚及于鸟兽昆虫。考日月星辰，劳耳目，勤心力，用水火财物以生民。民赖其利，百年而死；民畏其神，百年而亡；民用其教，百年而移。故曰黄帝三百年。"

【注释】

①荣伊：人名。

②黄帝：古代神话中五天帝之一的中央之神。

③难言之故乎：旧注："言禹汤已下不可胜观，乃问上世黄帝，将为先生长老难言之，故问。"

④隐微之说：隐约微妙的说法。

⑤采：事，辩说。

⑥五气：指五行之气。

⑦量：计算多少的量器。

⑧扰驯：驯服，驹养。

⑨始垂衣裳：形容天下太平，无为而治。

【译文】

宰我问孔子说："以前我听荣伊说过'黄帝统治了三百年'，请问黄帝是人抑或不是人？其统治的时间怎么能达到三百年呢？”

孔子说：“大禹、汤、周文王、周武王、周公，尚且无法说得尽，道得清，而你关于上古之世的黄帝的问题，是老前辈也难以说得清的问题吧。”

宰我说：“先代的传言，隐晦的说法，已经过去的事还争论，晦涩飘忽的含义，这些都是君子不谴或不为的，所以我一定要问个清楚明白。”

孔子说：“好吧，我略略听说过这种说法。黄帝，是少昊的儿子，名叫轩辕，出生时就非常神奇、精灵，很小就能说话。童年的时候，他伶俐、机敏、诚实、厚道。长大成人时，就更加聪明，能治理五行之气，设置了五种量器，而且还游历全国各地，安抚民众。他骑着牛坐着马，驯服了猛兽，跟炎帝在阪泉之野大战，三战后打败了炎帝。从此，天下民众个个穿着绣有花纹的礼服，天下太平，无为而治。他遵循天地的纲纪统治着人民，既明白昼夜阴阳之道，又通晓生死存亡之理。按季节播种百谷，栽培花草树木，他的仁德遍及鸟兽昆虫。他观察日月星辰，费尽心思和劳力，用水火财物养育百姓。他活着的时候，人民受其恩惠利益一百年；他死了以后，人民敬服他的精灵一百年；之后，人民还运用他的教导一百年。所以说黄帝统治了三百年。”

【原文】

宰我曰："请问帝尧[1]？"

孔子曰："高辛氏之子，曰陶唐。其仁如天，其智如神。就之如日，望之如云。富而不骄，贵而能降。伯夷典礼[2]，夔、龙典乐[3]。舜时而仕，趋视四时，务先民始之。流四凶而天下服[4]。其言不忒，其德不回。四海之内，舟舆所及，莫不夷说。"

【注释】

①帝尧：传说中父系氏族社会后期的部落联盟首领。陶唐氏，名放勋，史称唐尧。

②典礼：掌管礼仪的事。

③夔、龙：都是尧舜时的乐官。

④流：流放。四凶：古代传说中的四个凶人，指不服从舜的四个部族首领。《尚书·尧典》："流共工于幽州，放驩兜于崇山，窜三苗于三危，殛鲧于羽山。四罪而天下皆服。"

【译文】

宰我说："请问帝尧是怎样的人？"

孔子说："他是高辛氏的儿子，名叫陶唐。他仁慈如天，智慧如神。靠近他如太阳般温暖，望着他如云彩般柔和。他富而不骄，贵而能谦。他让伯夷主管礼仪，让夔、龙执掌舞乐。推举舜来做官，到各地巡视四季农作物生长情况，把民众的事放在首位。他流放了共工、驩兜、三苗，诛杀了鲧，天下的人都信服。他的话从不出错，他的德行从不违背常理。四海之内，车船所到之处，人们没有不喜爱他的。”

【原文】

宰我曰："请问帝舜[①]？"

孔子曰："乔牛[②]之孙，瞽瞍之子也，曰有虞舜。孝友闻于四方，陶渔事亲[③]。宽裕而温良，敦敏而知时，畏天而爱民，恤远而亲近。承受大命，依于二女[④]。叡明智通，为天下帝。命二十二臣，率尧旧职，己己[⑤]而已。天平地成，巡狩四海，五载一始。三十年在位，嗣帝五十载。陟方岳[⑥]，死于苍梧[⑦]之野而葬焉。"

【注释】

①帝舜：传说中父系氏族社会后期的部落联盟首领。有虞氏，名重华，史称虞舜。

②乔牛：一作“桥牛”，虞舜之祖父。

③陶渔事亲：制陶捕鱼来养活父母。

④二女：指舜的两位妻子。她们都是尧的女儿。

⑤躬己：亲身力行。

⑥陟：登，升。方岳：四方高大的山。

⑦苍梧：山名，又名九嶷，在今湖南宁远南。

【译文】

宰我说：“请问帝舜是怎样的人？”

孔子说：“他是乔牛的孙子，瞽瞍的儿子，名叫有虞。舜因孝顺父母、善待兄弟而闻名四方，用制陶和捕鱼来奉养双亲。他宽容而温和，机敏而知时，敬天而爱民，抚恤远方的人又亲近身边的人。他承受重任，依靠两位妻子的帮助。圣明睿智，成为天下帝王。任命二十二位大臣，都是帝尧原有的旧职，他只是身体力行而已。天下太平，地有收成，巡狩四海，五年一次。他三十岁被任用，接续帝位五十年。登临四岳，死在苍梧之野并安葬在那里。”

【原文】

宰我曰："请问禹？"

孔子曰："高阳之孙，鲧[1]之子也，曰夏后。敏给克齐[2]，其德不爽[3]，其仁可亲，其言可信。声为律，身为度。亹亹穆穆[4]，为纪为纲。其功为百神之主[5]，其惠为民父母。左准绳，右规矩，履四时，据四海。任皋繇、伯益以赞其治[6]，兴六师以征不序[7]。四极之民，莫敢不服。"

孔子曰："予，大者如天，小者如言，民悦至矣。予也非其人[8]也。"宰我曰："予也不足以戒敬承矣。"

【注释】

①鲧：传说中我国原始社会的部落首领。

②敏给：敏捷。克：能。齐：通“济”，成。

③不爽：没有差错。

④亹亹：勤勉不倦貌。穆穆：仪态美好，容止庄敬貌。

⑤其功为百神之主：旧注：“禹治水，天下既平，然后百神得其所。”

⑥皋繇：亦作“皋陶”“咎繇”，舜时贤臣，掌管刑狱之事。

⑦六师：犹“六军”，这里泛指军队。不序：不臣服。

⑧非其人也：旧注：“言不足以明五帝之德也。”意为孔子说自己也不足以说明禹的功德。

【译文】

宰我说：“请问禹是怎样一个人？”

孔子说：“他是高阳的孙子，鲧的儿子，名叫夏后。他机敏能成就事业，行为没有差失，仁德可亲，言语可信。发声合乎音律，行为举止合乎度数。勤勉不倦，容止庄重，成为人们的榜样。他的功德使他成为百神之主，他的恩惠使他成为百姓父母。日常行动都有准则和规矩，不违背四时，安定了四海。任命皋繇、伯益帮助他治理百姓，率领军队征伐不服从者，四方的民众没有不服从的。”

孔子说：“宰予啊，禹的功德大的方面像天一样广阔，小的方面即使是一句话，民众都非常喜欢。我也不能完全说清他的功德啊。”宰我说：“我也不足以敬肃地接受您这样的教导。”

五　帝

【原文】

季康子问于孔子曰：“旧闻五帝之名，而不知其实，请问何谓五帝？”

孔子曰：“昔丘也闻诸老聃曰：‘天有五行，木火金水土，分时化育，以成万物。其神谓之五帝。’古之王者，易代而改号[①]，取法五行，五行更王[②]，终始相生，亦象其义。故其为明王者，而死配五行。是以太皞配木，炎帝配火，黄帝配土，少皞配金，颛顼配水。”

【注释】

①易代而改号：改换朝代就改换年号。

②五行更王：按照五行循环的顺序更换帝王年号。旧注："法五行更王，终始相生，始以木德王天下，其次以生之行转相承。"

【译文】

季康子问孔子："以前听说过'五帝'的名称，但不知道它的实际含义，请问什么是五帝？"

孔子说："从前我听老聃说：'天有五行：水、火、金、木、土。这五行按不同的季节化生和孕育，形成了万物，那万物之神就叫作五帝。'古代的帝王，因改朝换代而改换国号、帝号，就取法五行。按五行更换帝号，周而复始，终始相生，也遵循五行的顺序。因此那些贤明的君王，死后也以五行相配。所以太皞配木，炎帝配火，黄帝配土，少皞配金，颛顼配水。"

【原文】

康子曰："太皞氏其始之木何如？"孔子曰："五行用事[1]，先起于木。木，东方，万物之初皆出焉，是故王者则[2]之，而首以木德王天下。其次则以所生之行转相承也。"

【注释】

①用事：运行。

②则：效法。

【译文】

季康子问："太皞氏从木开始是什么缘故呢？"孔子回答说："五行的运行，先是从木开始的。木属东方，万物开始都是从这里产生的，因此帝王以此为准则，首先以木德称王于天下。然后依据自己所生的'行'，依次转换承接。"

执　　辔

【原文】

闵子骞为费宰[①]，问政于孔子。

子曰："以德以法。夫德法者，御民之具，犹御马之有衔勒也。君者，人也；吏者，辔也；刑者，策也。夫人君之政，执其辔策而已。"

子骞曰："敢问古之为政？"

孔子曰："古者天子以内史[②]为左右手，以德法为衔勒，以百官为辔，以刑罚为策，以万民为马，故御天下数百年而不失。善御马者，正衔勒，齐辔策，均马力，和马心。故口无声而马应辔，策不举而极千里。善御民者，壹[③]其德法，正其百官，以均齐民力，和安民心。故令不再而民顺从，刑不用而天下治。是以天地德之，而兆民[④]怀之。夫天地之所德，兆民之所怀，其政美，其民而众称之。今人言五帝三王者，其盛无偶，威察若存，其故何也？其法盛，其德厚，故思其德，必称其人，朝夕祝之，升闻[⑤]于天。上帝俱歆，用永厥世，而丰其年。

“不能御民者，弃其德法，专用刑辟，譬犹御马，弃其衔勒，而专用棰策，其不制也，可必矣。夫无衔勒而用棰策，马必伤，车必败。无德法而用刑，民必流，国必亡。治国而无德法，则民无修；民无修，则迷惑失道。如此，上帝必以其为乱天道也。苟乱天道，则刑罚暴[6]，上下相谀，莫知念忠，俱无道故也。今人言恶者，必比之于桀纣，其故何也？其法不听[7]，其德不厚。故民恶其残虐，莫不吁嗟，朝夕祝之，升闻于天。上帝不蠲，降之以祸罚，灾害并生，用殄厥世。故曰德法者御民之本。”

【注释】

①闵子骞：即闵损，字子骞，孔子弟子。费：古地名，春秋鲁邑。旧址在今山东鱼台西南费亭。

②内史：官名，协助天子管理爵禄废置等政务。旧注：“内史，掌政八柄，及叙事之法，受纳以诏王听治，命孤卿大夫则策命，以四方之事书而读之。王制禄则书之策，赏则亦如之。故王以为左右手。”

③壹：统一，使一致。

④兆民：众百姓，极言其多。

⑤升闻：上闻。

⑥暴：暴虐。

⑦不听：不听从。

【译文】

闵子骞任费地长官时，问孔子治理民众的方法。

孔子说："用德政和法制。德政和法制是治理民众的工具，就好像驾驭车马用勒口和缰绳一样。国君好比驾马的人，官吏好比勒口和缰绳，刑罚好比马鞭。君王执政，只要掌握好缰绳和马鞭就可以了。"

闵子骞说："请问古人是怎样执政的呢？"

孔子说："古代的天子把内史作为帮助自己执政的左右手，把德政和法制当作马的勒口，把百官当作缰绳，把刑罚当作马鞭，把万民当作马，所以统治天下数百年而没有失误。善于驾驭马，就要安正马勒口，备齐缰绳马鞭，均衡使用马力，让马齐心合力。这样不用吆喝马就应和缰绳的松紧前进，不用扬鞭就可以跑千里之路。善于统治民众，就得统一道德和法制，端正百官，均衡地使用民力，使民心安定和谐。所以法令不用重复申告民众就会服从，刑罚不用再次施行天下就会得到治理。因此天地也认为他有德，万

民也乐于服从。天地之所以认为他有德，万民之所以乐于服从，因为各种政令美好，民众就会交口称赞。现在人说起五帝、三王，他们的盛德无人能比，他们的威严和明察好像至今还存在，这是什么缘故呢？他们的法制完备，他们的德政深厚，所以一想起他们的德政，必然会称赞他们个人，朝夕为他们祝祷。上天听到了这些声音，天帝知道了都很高兴，因此让他们国运长久而年成丰收。

“不善于治理民众的人，他们丢弃了德政和法制，专用刑罚，这就好比驾驭马，丢弃了勒口和缰绳，而专用棍棒和马鞭，事情做不好是必然的。驾驭马没有勒口和缰绳，而用棍棒和马鞭，马必然会受伤，车必然会毁坏。没有德政和法制而用刑罚，民众必然会流亡，国家必然会灭亡。治理国家而没有德政和法制，民众就没有修养，民众没有修养，就会迷惑不走正道。这样，天帝必然认为这是扰乱了天道。如果天道混乱，就会刑罚残暴，上下相互奉承讨好，没人再考虑忠诚信义，这都是没有遵循道的缘故。现在人们说到恶人，必定会把他比作夏桀、商纣，这是为什么呢？因为他们制定的法令不能治理国家，他们的德政不厚。所以民众厌恶他们的残暴，没有不叹息的，会朝夕诅咒他们。上天听到了这些声音，天帝不会免除他们的罪过，降下灾祸来惩罚他们，灾难祸害一起发生，因此灭绝了他们的朝代。所以说德政和法制是治理民众的根本方法。”

【原文】

“古之御天下者，以六官[①]总治焉。冢宰之官以成道，司徒[②]之官以成德，宗伯之官以成仁，司马[③]之官以成圣，司寇之官以成义，司空[④]之官以成礼。六官在手以为辔，司会均仁以为纳。故曰御四马者执六辔，御天下者正六官。是故善御马者，正身以总辔，均马力，齐马心，回旋曲折，唯其所之。故可以取长道，可赴急疾。此圣人所以御天地与人事之法则也。天子以内史为左右手，以六官为辔，已而与三公为执六官，均五教[⑤]，齐五法。故亦唯其所引，无不如志。以之道则国治，以之德则国安[⑥]，以之仁则国和，以之圣则国平，以之礼则国定，以之义则国义[⑦]，此御政之术。

“过失，人之情莫不有焉。过而改之，是为不过。故官属不理，分职不明，法政不一，百事失纪，曰乱。乱则饬冢宰。地而不殖，财物不蕃，万民饥寒，教训不行，风俗淫僻，人民流散，曰危。危则饬司徒。父子不亲，长幼失序，君臣上下，乖离异志，曰不和。不和则饬宗伯。贤能而失官爵，功劳而失赏禄，士卒疾怨，兵弱不用，曰不平。不平则饬司马。刑罚暴乱，奸邪不胜[8]，曰不义。不义则饬司寇。度量不审，举事失理，都鄙不修，财物失所，曰贫。贫则饬司空。故御者，同是车马，或以取千里，或不及数百里，其所谓进退缓急异也。夫治者，同是官法，或以致平，或以致乱者，亦其所以为进退缓急异也。

“古者天子常以季冬考德正法，以观治乱。德盛者，治也；德薄者，乱也。故天子考德，则天下之治乱可坐庙堂之上而知之。夫德盛则法修，德不盛则饬，法与政咸德而不衰。故曰王者又以孟春[9]论吏之德及功能，能德法者为有德，能行德法者为有行，能成德法者为有功，能治德法者为有智。故天子论吏而德法行，事治而功成。夫季冬正法，孟春论吏，治国之要。”

【注释】

①六官：指下文所讲的冢宰、司徒、宗伯、司马、司寇、司空。

②司徒：官名。主管教化。

③司马：官名。主管兵事。

④司空：官名。主管建筑工程、制造车服器械等。

⑤五教：指父义、母慈、兄友、弟恭、子孝这五种封建人伦准则。

⑥以之德则国安：旧注："德教成，以之仁则国和；礼之用和为贵，则国安。"

⑦以之义则国义：旧注："义，平也。刑罚当罪则国平。"

⑧不胜：不能制伏。

⑨孟春：初春，即春季的第一个月。

【译文】

“古代统治天下的帝王，用六官来总理国家。冢宰之类的官来成就道，司徒之类的官来成就德，宗伯之类的官来成就仁，司马之类的官来成就圣，司寇之类的官来成就义，司空之类的官来成就礼。六官控制在手就如同有了缰绳，司会使仁义均齐就如同有了内侧缰绳。所以说：驾驭四马的人要控制好六条缰绳，治理天下的人要掌握好六官。因此，善于驾驭马的人，端正身体揽好缰绳，使马均匀用力，让马齐心一致，即使走曲折婉转之路，到何处都随心所欲。所以可以走长道，可以赴急难。这是圣人用来掌握天地和治理民众的法则。天子把内史作为左右手，把六官作为缰绳，然后和三公一起来控制六官，使五教均齐，使五法齐备，只要你有所指引，没有不如愿的。遵从道，国家就能治理；遵从德，国家就能安定；遵从仁，国家就能和平；遵从圣贤，国家就能平安；遵从礼，国家就能长治久安；遵从义，国家就会有信义。这就是施政的方法。

“过错和失误，是人之常情，人不可能没有过失。有了过错而能改正，就不为过。因此，官属不理清，职责不分明，法律政策不统一，百事失去纲纪，这叫作混乱。混乱就整饬家宰。田地没有种好，财物没有增加，万民饥寒，教令不行，风俗淫乱邪僻，人民流离失散，这叫作危险。危险就整饬司徒。父子不亲，长幼失序，君臣上下离心离德，各有其志，这叫作不和。不和就整饬宗伯。贤能的人失去官爵，有功劳失去奖赏利禄，士卒心怀怨恨，兵力虚弱不堪使用，这叫作不平。不平就整饬司马。刑罚暴乱，奸邪不能被制伏，这叫作不义。不义就整饬司寇。度量不详审，举事失去条理章法，城邑不修，财物流散，这叫作贫穷。贫穷就整饬司空。所以驾驭着同样的车马，有的可以行千里，有的走不到数百里，这就是所谓进退缓急不同啊。各级官员执行的是同样的官法，有的人治理得很好，有的人却导致了混乱，这也是因为进退缓急不同造成的。

“古时候天子常在冬末考察德政，调整法令，用以观察治乱。德政深厚，世道就安定；德政浅薄，世道就混乱。所以天子只要考察德政，那么天下的治乱，坐在朝堂之上就可以知道了。德政深厚，法令就会得到修治，德政不深厚就要整饬，法令和政治都合乎德就不会衰败。所以天子又在春季的第一个月评论官吏的德行及功劳才能。能够遵守德政和法治的为有德行，能够施行德政和法治的为有才干，施行德政和法治有成效的为有功劳，能运用德政和法治来管理政事的为有智谋。因此天子评定官吏，而德政和法治得到推行，政事得到治理而大功告成。冬末调整法律，初春评定官吏，这是治国的关键。”

本命解

【原文】

鲁哀公问于孔子曰："人之命与性，何谓也？"

孔子对曰："分于道谓之命[1]，形于一谓之性。化于阴阳，象形而发谓之生，化穷数尽谓之死。故命者，性之始也；死者，生之终也。有始则必有终矣。

"人始生而有不具者五焉：目无见，不能食，不能行，不能言，不能化。及生三月而微煦[2]，然后有见。八月生齿，然后能食。三年囟合，然后能言。十有六而精通，然后能化。阴穷反阳，故阴以阳变；阳穷反阴，故阳以阴化。是以男子八月生齿，八岁而龀[3]。女子七月生齿，七岁而龀，十有四而化。一阳一阴，奇偶相配，然后道合化成。性命之端，形于此也。"

公曰："男子十六精通，女子十四而化，是则可以生民矣。而礼男子三十而有室，女子二十而有夫也，岂不晚哉？"

孔子曰："夫礼，言其极，不是过也。男子二十而冠，有为人父之端。女子十五许嫁，有适人之道。于此而往，则自婚矣。

群生闭藏乎阴，而为化育之始。故圣人因时以合偶，穷天数也。霜降而妇功成，嫁娶者行焉。冰泮[④]而农桑起，婚礼而杀于此。男子者，任天道而长万物者也。知可为，知不可为；知可言，知不可言；知可行，知不可行者也。是故审其伦而明其别[⑤]，谓之知，所以效匹夫之德也。女子者，顺男子之教而长其理者也，是故无专制之义，而有三从之道。幼从父兄，既嫁从夫，夫死从子，言无再醮[⑥]之端。教令不出于闺门，事在供酒食而已。无阃外之非仪也，不越境而奔丧。事无擅为，行无独成，参知而后动，可验而后言。昼不游庭，夜行以火，所以效匹妇之德也。”

孔子遂言曰：“女有五不取：逆家子者，乱家子者，世有刑人子者，有恶疾子者，丧父长子者。妇有七出，三不去。七出者：不顺父母者，无子者，淫僻者，嫉妒者，恶疾者，多口舌者，窃盗者。三不去者：谓有所取无所归，一也。与共更三年之丧，二也。先贫贱，后富贵，三也。凡此，圣人所以顺男女之际，重婚姻之始也。”

【注释】

①分于道谓之命：旧注："分于道，谓始得为人。"意思是说从"道"中分离出来，成了独立的人。

②微煦：眼珠能微微转动。

③龀：指儿童换乳牙。

④冰泮：冰溶解。

⑤审：明察。伦：类别。

⑥再醮：改嫁。

【译文】

鲁哀公问孔子："人的命和性是怎么回事呢？"

孔子回答说："根据天地自然之道而化生出来的就是命，人禀受阴阳之气而形成不同的个性就是性。由阴阳变化而来，有一定形体发出来，叫作生；阴阳变化穷尽之后，叫作死。所以说，命就是性的开始，死就是生的终结。有始则必有终。

“人刚出生时有五种能力不具备：目不能见，嘴不能食，腿不能行，口不能言，不能生育。出生三个月以后眼珠微能转动，然后才能看见；八个月长牙，然后能吃东西；三年囟门闭合，然后才能说话；十六岁精气畅通，然后才能生育。阴达到极点就要返阳，故阴是从阳变化的；阳达到极点就要返阴，故阳得阴才能变化。所以男子八个月长牙，八岁换牙；女子七个月长牙，七岁换牙，十四岁能够生育。一阳一阴，奇偶相配，然后阴阳化合才能生育。性命的开始，就从这里形成了。”

鲁哀公说：“男子十六岁精气通畅，女子十四岁能生育，这时就可以生小孩了。而根据礼，男子三十岁娶妻，女子二十岁嫁人，岂不是晚了吗？”

孔子说：“礼说的是最迟限度，不要超过这个

限度。男子二十岁举行加冠之礼，就可以开始做父亲了。女子十五岁允许出嫁，有出嫁的道理了。从此之后，就可以结婚。众生闭藏于阴，就成为化育的开始。因此圣人依据时节让男女成婚，穷尽了天数的极限。霜降时妇女该做的家务事都完成了，男婚女嫁的事就开始操办了。冰雪融化后农耕养蚕的事就开始了，举行婚礼的事到此停止。男子，是担当天下大任而让万物生长的人，知道什么可做，什么不可做；知道什么可说，什么不可说；知道什么可行，什么不可行。因此审视清楚事物的类别和区别，叫作知，这就是一般男人的品德。女子，是顺从男子的教导而经常按此道理去做的人，因此没有自作主张的道理，只有三从的责任。年幼时服从父兄。出嫁后服从丈夫，丈夫死后服从儿子，没有改嫁的理由。家内的命令不由妇女发出，她们的事只是供应饮食酒菜而已。在家门外不要被人非议，不能到超过规定的地方去奔丧。事情不能擅自做主，有事不能独自出行，三思后再行动，验证后再说话。白天不在庭院中游逛，夜里走路要举着灯火。这就是一般妇女的品德。”

孔子又接着说：“有五种女子不能娶：叛逆造反家庭的女子，淫秽乱伦家庭的女子，受过刑罚家庭的女子，有不治之病家庭的女子，早年丧父家庭的长女。妇人有七种情况可以被休弃，三种情况不可以被休弃。七种情况是：不孝顺父母的，没有儿子的，有淫乱邪僻行为的，爱嫉妒的，有难治之病的，多口多舌的，有偷盗行为的。三种情况是：娶时有家休弃后无家可归的，这是第一种。为公婆服过三年丧的，这是第二种。夫家先贫贱后富贵的，这是第三种。所有这些，是圣人根据男女之间的关系，重视婚姻的开始。”

论　礼

【原文】

孔子闲居，子张、子贡、言游侍[1]，论及于礼。孔子曰："居，汝三人者，吾语汝以礼周流无不遍也。"

子贡越席而对曰："敢问如何？"子曰："敬而不中礼谓之野，恭而不中礼谓之给[2]，勇而不中礼谓之逆。"子曰："给夺慈仁。"子贡曰："敢问将何以为中礼者？"子曰："礼乎，夫礼所以制中也。"子贡退，言游进曰："敢问礼也，领恶而全好者与？"子曰："然。"子贡问："何也？"子曰："郊社之礼，所以仁鬼神也；禘尝[3]之礼，所以仁昭穆也；馈奠之礼，所以仁死丧也；射飨之礼[4]，所以仁乡党也；食飨之礼，所以仁宾客也。明乎郊社之义，禘尝之礼，治国其如指诸掌而已。是故居家有礼，故长幼辨；以之闺门有礼，故三族和；以之朝廷有礼，故官爵序；以之田猎有礼，故戎事闲；以之军旅有礼，故武功成。是以宫室得其度，鼎俎得其象，物得其时，乐得其节，车得其轼，鬼神得其享，丧纪得其哀，辩说得其党，百官得其体，政事得其施。加于身而措于前，凡众之动，得其宜也。”

言游退，子张进曰：“敢问礼何谓也？”子曰：“礼者，即事之治也。君子有其事必有其治。治国而无礼，譬犹瞽之无相[5]，伥伥乎何所之？譬犹终夜有求于幽室之中，非烛何以见？故无礼则手足无所措，耳目无所加，进退揖让无所制。是故以其居处长幼失其别，闺门三族失其和，朝廷官爵失其序，田猎戎事失其策，军旅武功失其势，宫室失其度，鼎俎失其象，物失其时，乐失其节，车失其轼，鬼神失其享，丧纪失其哀，辩说失其党，百官失其体，政事失其施。加于身而措于前，凡众之动失其宜。如此，则无以祖洽[6]四海。”

子曰：“慎听之，汝三人者。吾语汝，礼犹有九焉，大飨有四焉。苟知此矣，虽在畎亩之中，事之，圣人矣。两君相见，揖让而入，入门而悬兴[7]。揖让而升堂，升堂而乐阕。下管《象》舞，夏龠序兴[8]。陈其荐俎，序其礼乐，备其百官。如

此而后君子知仁焉。行中规，旋中矩，銮和中《采荠》。客出以《雍》[⑨]，彻以《振羽》。是故君子无物而不在于礼焉。入门而金作，示情也；升歌《清庙》[⑩]，示德也；下管象舞，示事也。古之君子，不必亲相与言也，以礼乐相示而已。夫礼者，理也；乐者，节也。无理不动，无节不作。不能《诗》，于礼谬；不能乐，于礼素；于薄德，于礼虚。"

子贡作而问曰："然则夔其穷与？"子曰："古之人与？上古之人也。达于礼而不达于乐谓之素，达于乐而不达于礼谓之偏。夫夔达于乐而不达于礼，是以传于此名也。古之人也，凡制度在礼，文为在礼，行之其在人乎？"

三子者，既得闻此论于夫子也，焕若发蒙焉。

【注释】

①子张：即颛孙师，字子张。子贡：即端木赐，字子贡。言游：即言偃，字子游。三人均为孔子弟子。

②给：言语便捷。此指言语不得体。

③禘：宗庙四时祭之一，每年夏季举行。尝：古代秋祭名。

④射：指乡射礼，即卿大夫举士后举行的射礼。飨：以酒食款待。

⑤瞽：盲人。相：搀扶，帮助。

⑥祖洽：倡导和谐。旧注：“祖，始也；洽，合也。言失礼无以为众倡始，无以合和众。”

⑦悬：悬挂。兴：作。指奏乐。

⑧夏钥：大夏之舞，执籥以舞。序兴：指文武之舞依次而舞。旧注：“夏，文舞也。执符，籥如笛。”

⑨客出以《雍》：宴会完毕，客人出来时奏

《雍》。雍：乐曲名。旧注：“雍，乐曲名，在《周颂》。”

⑩升歌清庙：登堂时唱清庙之诗。清庙：《诗经·周颂》篇名。

【译文】

孔子在家休息，弟子子张、子贡、子游陪侍，说话时说到了礼。孔子说：“坐下，你们三人，我给你们讲讲礼。礼周详地运用到各处无所不遍。”

子贡站起来离席回话说：“请问礼该如何？”孔子说：“虔敬而不合乎礼，叫作土气；谦恭而不合乎礼，叫作巴结；勇敢而不合乎礼，叫作乖逆。”孔子又说：“巴结混淆了慈悲和仁爱。”子贡说：“请问怎么做才能做到合乎礼呢？”孔子说：“礼吗？礼，就是用来节制行为使之适中的。”子贡退下来，子游上前说：“请问，所谓礼是不是为了治理恶劣习性而保全良好品行的呢？”孔子说：“是的。”子贡问：“那该怎么做呢？”孔子说：“祭天祭地之礼，是用以致仁爱于鬼神的；秋尝夏禘之礼，是用以致仁爱于祖先的；馈食祭奠之礼，是用以致仁爱于死者的；举行乡射礼、乡饮酒礼，是用以致仁爱于乡亲邻里的；宴会饮酒的礼仪，是用以致仁爱于宾客的。明白了祭天祭地的礼仪，秋尝夏禘的礼仪，那么治理国家就像在指着自己的手掌给别人看那样容易。因此，用这些礼仪，居家处事有礼，长幼就分辨清楚了；家族内部有礼，一家三代就和睦了；在朝廷上有礼，官职爵位就井然有序了；田猎时有礼，军事演习就熟练了；军队里有礼，就能建立战功了。因为有了礼，宫室得以有了制度，祭器有了样式，各种器物符合时节，音乐符合节拍，车辆有了定式，鬼神得到了该有的祭享，丧葬有了适度的悲哀，辩说得以拥有支持的人，百官

得以恪守其职分，政事得以顺利施行。加在每人身上的，摆在面前的，人们的种种行为举动都能够适宜得当。”

子游退下去，子张上前问道：“请问什么是礼呢？”孔子说：“所谓礼，就是对事物的治理。君子有什么事务，必有相应的治理手段。治理国家假如没有礼，就好像盲人没有扶助的人，茫然不知该往哪走。又如整夜在暗室中找东西，没有烛光怎么能看得见呢？所以说没有礼就会手足无措，耳目也不知该听什么该看什么，进退、作揖、谦让都失去了尺度。这样一来，居家处事就会长幼无别，家族之内祖孙三辈就失去了和睦，朝廷上官爵就失去了秩序，田猎练武就失去了策略，军队攻守就失去了控制，宫室建造就失去了制度，祭器就失去了式样，各种事物就失去了合适的时间，音乐就失去了节制，车辆就失去了定式，鬼神就失去了祭享，丧事就失去了合度的哀伤，辩说就失去了支持的人，百官就会失职，政事就不能施行。凡加在每个人身上的，摆在面前的，人们的种种行为举动都失其所宜。这样，就无法协调民众一致行动了。”

孔子说：“仔细听着，你们三人！我告诉你们，礼还有九件事，其中四件是大飨礼所特有的。如果知道了这些，哪怕是个种田人，只要依礼而行，他也是圣人了。两位国君相见，互相作揖谦让后进入大门，入门后钟鼓等乐器齐奏，两人又互相作揖谦让后登上大堂，登上大堂之后乐声就停止了。这时在堂下又用管乐奏起《象》的乐曲，接着执籥的人又跳起《大夏》之舞和各种舞蹈。摆设笾豆与牲俎，按序安排礼乐，备齐各种执事人员。这样，来访的国君就感受到了主人的盛情厚意。在这里，人们来往走动都符合规

定，周旋时步子都合乎规矩，车子的铃声也和着《采荠》乐曲的节拍。客人出去时，堂下奏起《雍》的乐章；撤去席上食具时，奏起《振羽》的乐章。所以，君子的行动没有一件事不在礼节之中。客人进门时钟声响起，是表示欢迎之情；登堂时演奏《清庙》诗章，表示赞美其功德；堂下吹奏《象》的舞曲，表示崇敬祖先的功业。所以，古代的大人君子相见，不必互相说话，只凭礼乐就可以传达情意了。礼，就是理；乐，就是节。没有道理的事不做，没有节制的事不为。不懂得赋《诗》言志，礼节上就会出差错；不能用音乐来配合，礼节就显得单调枯燥；道德浅薄，礼就会显得虚假。”

子贡站起来问道：“按这么说，夔对礼精通吗？”孔子说：“夔不是古代的人吗？他是上古时代的人啊！精通礼而不精通乐，叫作质朴；精通乐而不精通礼，叫作偏颇。夔大概只精通乐而不精通礼，所以传下精通音乐的名声。不过古代的人，各项制度都存在于礼中，制度也靠礼来修饰，实行起来大概还是靠人吧。”

三个弟子听了孔子这番话，眼前豁然一亮，好像拨开了迷雾。

观乡射

【原文】

孔子观于乡射[①]，喟然叹曰："射之以礼乐也，何以射？何以听。修身而发，而不失正鹄者，其唯贤者乎？若夫不肖之人，则将安能以求饮？《诗》[②]云：'发彼有的，以祈尔爵。'[③]祈，求也。求所中以辞爵。酒者，所以养老、所以养病也。求中以辞爵，辞其养也。是故士使之射而弗能，则辞以病，悬弧之义[④]。"

于是退而与门人习射于矍相之圃，盖观者如墙堵焉。射至于司马[⑤]，使子路执弓矢，出列延，谓射之者曰："奔军之将，亡国之大夫，与为人后[⑥]者，不得入，其余皆入。"盖去者半。又使公罔之裘、序点扬觯而语曰："幼壮孝悌，耆老好礼，不从流俗，修身以俟死者，在此位。"盖去者半。序点又扬觯而语曰："好学不倦，好礼不变，耄期[⑦]称道而不乱者，在此位。"也盖仅有存焉。

射既阕，子路进曰："由与二三子者之为司马，何如？"孔子曰："能用命矣。"

【注释】

①乡射：指州长于春秋两季以礼会民，习射于州之学校。

②《诗》：指《诗经·小雅·宾之初筵》。

③以祈尔爵：祈求你免被罚酒。

④悬弧之义：古代风俗，家中生了男孩，便在门左首悬挂一张木弓以示庆贺。此处暗示射箭是男子从事的事。

⑤司马：官名。掌管军政和军赋。子路此时官为司马，此即指子路。

⑥人后：指过继给别人作后嗣。

⑦耄期：旧注："八十、九十曰耄，言虽老而能称，解道而不乱。"

【译文】

孔子观看乡射礼，长叹一声说："射箭时配上

礼仪和音乐，射箭的人怎能一边射，一边听？努力修养身心而发出的箭，并能射中目标，只有贤德的人才能做到。如果是不肖之人，他怎能射中而罚别人喝酒呢？《诗经》说：‘发射你的箭射中目标，祈求你免受罚酒。’祈，就是求。祈求射中而免受罚酒。酒，是用来养老和养病的。祈求射中而辞谢罚酒就是推辞别人的奉养。所以如果让士人射箭，假如他不会，就应当以有病来辞谢，因为男子生来就应该会射箭。”

于是回来后和弟子们在矍相的园圃中学习射箭，观看的人们好像一堵围墙。当射礼行至子路时，孔子让子路手执弓箭出来邀请比射的人，说：“败军之将、丧失国土的大夫、求做别人后嗣的人，一律不准入场，其余的人进来。”听到这话，人走了一半。孔子又让公罔之裘、序点举起酒杯说：“幼年壮年时能孝敬父母，友爱兄弟，到老年还爱好礼仪，不随流俗，修身以待终年的人，请留在这个地方。”结果又走掉一半。序点又举杯说：“好学不倦，好礼不变，到老还言行不乱的人，请留在这里。”结果只有几个人留下没走。

射箭结束后，子路走上前对孔子说：“我和序点他们这些人做司马，如何？”孔子回答说：“可以胜任了。”

郊 问

【原文】

定公[1]问于孔子曰："古之帝王必郊祀其祖以配天[2]，何也？"孔子对曰："万物本于天，人本乎祖。郊之祭也，大报本反始[3]也，故以配上帝。天垂象[4]，圣人则之，郊所以明天道也。"

【注释】

①定公：鲁国国君，名宋。

②郊祀：在郊外祭天地、祖宗或鬼神。配天：指郊祀时同时郊祀上天。

③大报本反始：大规模地报答上天的恩惠。

④垂象：显示征兆。

【译文】

鲁定公向孔子询问道："古代帝王在郊外祭祖时一定要祭祀上天，这是为什么呢？"孔子回答说："万物都来源于天，人又来源于其祖先。郊祭，就是规模盛大的报答上天和祖先的恩惠反思自己根源的礼仪，所以祭祖时要配祭上帝。上天显示征兆，圣人就取法这些征兆，举行郊祭就是为了显明天道。"

五刑解

【原文】

冉有问于孔子曰："古者三皇五帝不用五刑[①]，信乎？"

孔子曰："圣人之设防，贵其不犯也。制五刑而不用，所以为至治也。凡夫之为奸邪窃盗靡法妄行[②]者，生于不足。不足生于无度，无度则小者偷惰，大者侈靡，各不知节。是以上有制度，则民知所止；民知所止，则不犯。故虽有奸邪贼盗靡法妄行之狱，而无陷刑之民。不孝者生于不仁，不仁者生于丧祭之礼不明。丧祭之礼，所以教仁爱也。能致仁爱，则服丧思慕[③]，祭祀不解人子馈养之道[④]。丧祭之礼明，则民孝矣。故虽有不孝之狱，而无陷刑之民。杀[⑤]上者生于不义，义所以别贵贱、明尊卑也。贵贱有别，尊卑有序，则民莫不尊上而敬长。朝聘之礼者，所以明义也。义必明则民不犯，故虽有杀上之狱，而无陷刑之民。斗变者生于相陵[⑥]，相陵者生于长幼无序而遗敬让。乡饮酒之礼者，所以明长幼之序而崇敬让也。长幼必序，民怀敬让，故虽有斗变之狱，而无陷刑之民。淫乱者生于男女无别，男女无别则夫妇失义。婚礼聘享者[⑦]，所以别男女、明夫妇之义也。男女既别，夫妇既明，故虽有淫乱之狱，而无陷刑之民。此五者，刑罚之所以生，各有源焉。不豫塞其源，而辄绳之以刑，是谓为民设阱而陷之也。”

【注释】

①五刑：古代的五种刑罚，指：墨，即面上刺字。劓，割掉鼻子。剕，断足。宫，割去生殖器。大辟，砍头。

②靡法妄行：心中无法而任意妄为。

③思慕：思念仰慕。

④不解人子馈养之道：不解：不怠慢。馈养：养育。旧注：“言孝子奉祀不敢解，与生时馈养之道同。”

⑤弑：指以下杀上。

⑥相陵：相互侵辱。

⑦聘享：聘礼和享礼。指订婚时男方给女方的定礼和聘礼。

【译文】

冉有向孔子问道："古代的三皇五帝不用五刑，这是真的吗？"

孔子说："圣人设置防卫措施，贵在让人不触犯。制定五刑而不用，是为了做到最好的治理。凡是有奸诈邪恶抢劫盗窃违法妄行不法行为的人，产生于心中的不满足。不满足又产生于没有限度。没有限度，小的就会盗窃，大的则奢侈浪费，都是不知节制。因此君王制订了制度，民众就知道了什么不能做，知道了什么不能做就不会犯法。所以虽然制定了奸诈邪恶抢劫盗窃违法妄行的罪状，却没有陷入刑罚的民众。不孝的行为产生于不仁，不仁又产生于没有丧祭之礼。所以明确规定丧祭之礼，是为了使人知道仁爱。能教人懂得仁爱，为父母服丧就会思念爱慕他们，举行祭礼表示人子还在不懈地赡养父母。丧祭之礼明确了，民众就会遵守孝道了。所以虽然制定了不孝的罪状，而没有陷入刑罚的民众。以下杀上的行为产生于不义，义是用来区别贵贱表明尊卑的。贵贱有别，尊卑有序，那么民众没有不尊敬上级和长辈的。诸侯定期朝见天子的朝聘之礼，是用来显明义的。义显明了，那么民众就不会犯上。所以虽然制订了弑上的罪状，而没有陷入刑罚的民众。争斗变乱的行为产生于相互欺压，欺压的行为产生于长幼无序而忘记了尊敬和谦让。乡饮酒之礼，就是用来显明长幼之序和尊崇敬让的。长幼有序，民众怀着敬让之心，即使设立了争斗变乱的罪状，也没有陷入刑罚的民众。淫乱的行为产生于男女无别，男女无别夫妇间就失去了情义。婚礼和聘礼享礼，就是用来区别男女和显明夫妇情义的。男女既已有别，夫妇情义既明，即使制定了有关淫乱的罪状，而民众也没有陷入刑罚的。这五种情况，是刑罚产生的原因，是各有根源的。不预先堵住其根源，而动辄使用刑罚，这叫作给民设下陷阱来陷害他们。”

刑　政

【原文】

仲弓[①]问于孔子曰："雍闻至刑[②]无所用政，至政[③]无所用刑。至刑无所用政，桀纣之世是也；至政无所用刑，成康之世[④]是也。信乎？"

孔子曰："圣人之治化也，必刑政相参[⑤]焉。太上[⑥]以德教民，而以礼齐之。其次以政言导民。以刑禁之。刑不刑也。化之弗变，导之弗从，伤义以败俗，于是乎用刑矣。颛五刑必即天伦[⑦]，行刑罚则轻无赦。侀，侀[⑧]也；侀，成也。壹成而不可更，故君子尽心焉。"

【注释】

①仲弓：姓冉名雍，字仲弓，孔子弟子。

②至刑：最严酷的刑罚。

③至政：最完美的政治。

④成康之世：周成王、周康王的时代。史家称“成康之际，天下安宁，刑措四十余年不用”。

⑤相参：相互配合。

⑥太上：最好，最上等。

⑦颛：通“专”。即天伦：合乎天意。旧注：“即，就也。就天伦，谓合天意。”

⑧侀：成形之物。侀：通“形”。

【译文】

仲弓问孔子说：“我听说有严酷的刑罚就不需要用政令了，有完善的政令就不需要用刑罚了。有严

酷的刑罚不用政令，夏桀、商汤的时代就是这样；有完善的政令不用刑罚，周朝成王、康王的时代就是这样。这是真的吗？”

孔子说：“圣人治理教化民众，必须是刑罚和政令相互配合使用。最好的办法是用道德来教化民众，并用礼来统一思想，其次是用政令。用刑罚来教导民众，用刑罚来禁止他们，目的是为了不用刑罚。对经过教化还不改变，经过教导又不听从，损害义理又败坏风俗的人，只好用刑罚来惩处。专用五刑来治理民众也必须符合天道，执行刑罚对罪行轻的也不能赦免。侀，就是侧；侧，就是已成事实不可改变。一旦定刑就不可改变，所以官员要尽心地审理案件。”

【原文】

仲弓曰："古之听讼[①]，尤罚丽于事，不以其心，可得闻乎？"

孔子曰："凡听五刑之讼[②]，必原父子之情，立君臣之义以权之。意论轻重之序，慎测浅深之量以别之。悉其聪明，致其忠爱以尽之。大司寇正刑明辟以察狱[③]，狱必三讯焉。有指无简[④]，则不听也。附从轻，赦从重。疑狱则泛与众共之[⑤]，疑则赦之。皆以小大之比成也。是故爵人必于朝，与众共之也；刑人必于市，与众弃之也。古者公家不畜刑人，大夫弗养[⑥]。士遇之涂，弗与之言。屏诸四方，唯其所之，弗及与政，弗欲生之也。"

仲弓曰："听狱，狱之成，成何官？"

孔子曰："成狱成于吏，吏以狱成告于正。正既听之，乃告大司寇。大司寇听之，乃奉于王。王命三公卿士参听棘木之下[⑦]，然后乃以狱之成疑于王。王三宥之以听命，而制刑焉。所以重之也。"

仲弓曰："其禁何禁[8]？"

孔子曰："巧言破律，遁名改作[9]，执左道与乱政者，杀。作淫声[10]，造异服，设伎奇器以荡上心者，杀。行伪而坚[11]，言诈而辩，学非而博，顺非而泽，以惑众者，杀；假于鬼神，时日、卜筮以疑众者，杀。此四诛者不以听。"

仲弓曰："其禁尽于此而已？"

孔子曰："此其急者。其余禁者十有四焉：命服命车不粥于市，圭璋璧琮不粥于市，宗庙之器不粥于市，兵车旍旗不粥于市，牺牲柜鬯不粥于市，戎器兵甲不粥于市，用器不中度不粥于市，布帛精粗不中数、广狭不中量不粥于市，奸色乱正色不粥于市，文锦珠玉之器雕饰靡丽不粥于市，衣服饮食[12]不粥于市，果实不时不粥于市，五木不中伐不粥于市，鸟兽鱼鳖不中杀不粥于市。凡执此禁以齐众者，不赦过也。"

【注释】

①听讼：审理案件。

②五刑之讼：五种罪行的案件。

③大司寇：官名，掌刑狱纠察等事。正刑：正定刑法。明辟：辨明法令。察狱：审理案件。

④有指无简：有人指证但不能确定犯罪事实。

⑤疑狱：疑难案件。泛与众共之：广泛征求意见，共同审理。

⑥大夫弗养：大夫不供养被判刑的人。

⑦三公：辅助国君的最高官员，周朝为太师、太傅、太保。卿士：官名。参听：参与审理。棘木之下：古代判案的处所。棘木：酸枣树。

⑧其禁何禁：禁：禁止的事。后“禁”字指禁令的条款。

⑨遁名：假冒名义。改作：改变法则。

⑩作淫声：制造淫靡之音。

⑪行伪而坚：行为诈伪而顽固。

⑫衣服饮食不粥于市：旧注："卖成衣服，非侈必伪，故禁之。禁卖熟食，所以厉耻也。"

【译文】

仲弓说："古代审理案件，对过错的处罚根据事实，不依据内心动机，对这点可以讲给我听听吗？"

孔子说："凡是审理五种罪行的案子，必须要推究其父子之情，按照君臣之义来衡量，目的是论证犯罪情节的轻重，谨慎地衡量罪过的深浅，以便分别对待。尽量运用自己的聪明才智，极力发挥自己的忠爱之心来探明案情。大司寇的职责是正定刑法辨明法令来审理案件，审案时必须听取群臣、群吏和万民的意见。有指证而核实不了犯罪事实的，就不治罪。量刑可重可轻的就从轻，赦免时，原判重了的则先赦。疑案则要广泛地向大众征求意见共同解决，如果还有疑问无法裁决，就赦免他。一切案件一定要根据罪行大小比照法律条文来定案。所以赐予爵位一定要在朝廷上，让众人共同见证；行刑一定要在闹市上，让众人共同唾弃他。古时诸侯不收容犯罪的人，大夫也不供养犯罪的人。读书人在路上遇到犯罪的人，不和他交谈。把罪犯放逐到四境，任凭他到什么地方，也不让他参与政事。表示不想让他活在世上。”

仲弓问：“审理案件时，定案的事，是由什么官来完成的？”

孔子说：“案件首先由狱官来审定，然后狱官把审理情况报告给狱官之长。狱官之长审理之后，再报告大司寇。大司寇审理之后，再报告君王。君王又命三公和卿士在种有酸枣树的审理处会审，然后把审理结果和可疑之处回呈给君王。君王根据三种可以宽

宥的情况决定是否减免刑罚，最后根据审判结果来定刑。审定的程序是很慎重的。”

仲弓又问：“在法律禁令的规定中都有哪些条款呢？”

孔子说：“凡是用巧言曲解法律，变乱名义擅改法度，利用邪道扰乱国政者，杀。凡是制作淫声浪调，制作奇装异服，设计奇巧怪异器物来扰乱君心的，杀。凡行为诡诈又顽固，言辞虚伪又能诡辩，学非正学又广博多知，顺从坏事又曲加粉饰，用以蛊惑民众者，杀。凡利用鬼神、时日、卜筮，用以惑乱民众者，杀。犯此四类该杀罪行的都不需详加审理。”

仲弓又问：“法令禁止的就到此为止了吗？”

孔子说：“这是其中最紧要的。其余应禁的还有十四项：天子赐予的命服、命车不准在集市上出卖，圭璋璧琮等礼玉不准在集市上出卖，宗庙祭祀用的礼器不准在集市上出卖，兵车旍旗不准在集市上出卖，祭祀用的牲畜和酒不准在集市上出卖，作战用的兵器铠甲不准在集市上出卖，家用器具不合规矩不准在集市上出卖，麻布丝绸精粗不合乎规定、宽窄不合规定的不准在集市上出卖，染色不正的不准在集市上出卖，锦缎珠玉等器物雕刻巧饰特别华丽的不准在集市上出卖，衣服饮食不准在集市上出卖，果实还未成熟不准在集市上出卖，树木不成材不准在集市上出卖，幼小的鸟兽鱼鳖不准在集市上出卖。凡执行这些禁令都是为了治理民众，犯禁者不赦。”

礼　运

【原文】

孔子为鲁司寇[①]，与于蜡[②]。既宾事毕[③]，乃出游于观[④]之上，喟然而叹。言偃侍，曰："夫子何叹也？"孔子曰："昔大道之行[⑤]，与三代之英[⑥]，吾未之逮[⑦]也，而有记焉。"

【注释】

①司寇：官名。掌刑狱纠察等事。

②与于蜡：参与蜡祭。周代于十二月合祭百神，叫蜡。

③既：已经。宾：陪祭者。毕：完毕。旧注：“毕宾客之事也。”

④观：宫门外阙。旧注：“观，宫外门阙，《周礼》所谓象魏也。”

⑤大道之行：此指三皇五帝时，大道通行。大道指上古五帝所遵循的社会准则。

⑥三代：指禹、汤、文武时代。英：英才。

⑦未之逮：没赶上。

【译文】

孔子担任鲁国司寇时，曾参与蜡祭。宾客走了

以后，他出来到楼台上观览，感慨地叹了口气。言偃跟随在孔子身边，问道："老师为什么叹气呢？"孔子说："从前大道通行的时代，及夏商周三代精英当政的时代，我都没有赶上，而有些文字记载还可以看到。"

【原文】

“大道之行，天下为公，选贤与能，讲信修睦[1]。故人不独亲其亲[2]，不独子其子[3]。老有所终[4]，壮有所用，矜寡孤疾皆有所养。货恶其弃于地，不必藏于己；力恶其不出于身[5]，不必为人[6]。是以奸谋闭而不兴，盗窃乱贼不作。故外户而不闭，谓之大同[7]。”

【注释】

①讲信修睦：讲求信用，和人们和睦相处。

②不独亲其亲：不只是敬奉自己的父母。

③不独子其子：不只是疼爱自己的子女。

④终：指安享天年。

⑤力恶其不出于身：恶：唯恐，恐怕。旧注："言力恶其不出于身，不以为德惠也。"

⑥为人：《礼记·礼运》作"为己"。

⑦大同：儒家的理想社会。

【译文】

"大道通行的时代，天下为大家所公有，选举贤能的人，讲求诚信，致力友爱。所以人们不只敬爱自己的双亲，不只疼爱自己的子女。社会上的老人都能安度终生，壮年人都能发挥自己的才能，鳏夫、寡妇、孤儿和残疾人都能得到供养。人们厌恶把财物浪费不用，但不必要收藏到自己家里；人们担心自己的智力体力不能得到发挥，但不是为了个人的利益。因此奸诈阴谋的事不会发生，盗窃财物扰乱社会的事情不会出现。所以家里的大门不必紧锁，这就叫作大同世界。”

【原文】

“今大道既隐[1]，天下为家[2]，各亲其亲，各子其子。货则为己，力则为人。大人世及以为常[3]，城郭沟池以为固。禹汤文武，成王周公，由此而选[4]，未有不谨于礼[5]。礼之所兴，与天地并。如有不由礼而在位者，则以为殃[6]。”

【注释】

①既隐：已经隐没衰微。

②天下为家：天下成为一家一姓的天下。

③大人：指天子诸侯。世及：世代相传。

④由此而选：选：选拔。

⑤谨于礼：谨慎地遵守礼法。

⑥殃：灾祸。

【译文】

“如今大道已经衰微，天下为一个家族所私有，人们只敬爱自己的双亲，只疼爱自己的子女。财物想据为己有，出力也是为了自己。天子诸侯把财物和权位世代相传已成常事，建筑城郭沟池作为防御工事。夏禹、商汤、文王、武王、成王、周公就是这个时代产生的，他们之中没有一人不依礼行事的。礼制的兴起，与天地并存。如有不遵循礼制而当权在位的，民众把他视为祸殃。”

【原文】

言偃复问曰：“如此乎，礼之急[①]也。”

孔子曰：“夫礼，先王所以承天之道以治人之情。列其鬼神[②]，达于丧、祭、乡射、冠、婚、朝聘。故圣人以礼示之，则天下国家可得以礼正矣。”

言偃曰：“今之在位，莫知由礼，何也？”

孔子曰：“呜呼哀哉！我观周道，幽厉伤也[③]。吾舍鲁何适？夫鲁之郊及禘皆非礼[④]，周公其已衰矣[⑤]。杞之郊也禹[⑥]，宋之郊也契[⑦]，是天子之事守[⑧]也，天子以杞、宋二王之后。周公摄政致太平，而与天子同是礼也。诸侯祭社稷宗庙，上下皆奉其典，而祝嘏[⑨]莫敢易其常法，是谓大嘉。”

【注释】

①急：急需，紧要。

②列其鬼神：参验于鬼神。

③幽厉：指周幽王、周厉王，二人均是昏庸残暴之君。伤：败坏，损坏。旧注：“幽厉二王者，皆伤周道也。”

④郊：在郊外祭天。禘：天子诸侯的宗庙五年祭祀一次称禘。非礼：不合乎周礼。

⑤周公其已衰矣：指周公定的礼已经衰微。因周公封于鲁，故云。旧注：“子孙不能行其礼义。”

⑥杞之郊也禹：杞国的郊祭是祭祀禹。

⑦契：传说中宋的始祖，帝喾之子，母为简狄。

⑧守：保留。

⑨祝嘏：祭祀时致祝祷之辞和传达神言的执事人。

【译文】

言偃又问：“这样的话，礼就是很紧迫的了？”

孔子说：“礼是先代圣王用以顺承自然之道来治理人情的。它参验于鬼神，贯彻在祭、丧、乡射、冠、婚、朝聘等礼仪上。因此圣人就用礼来昭示天道人情，这样国家才能治理好。”

言偃又问：“现在在位当权的人没有知道遵循礼制的，为什么呢？”

孔子说：“唉，可悲呀！我考察周代的制度，自从幽王、厉王起就败坏了。我舍弃鲁国又能到哪里去考察呢？可是鲁国的郊、禘之祭已不合乎周礼，周公定的礼看来已经衰微了。杞人郊祭是祭禹，宋人郊祭是祭契，这是天子的职守。也因为他们是夏、商的后裔。周公代理执政而使天下太平，所以用与天子同样的礼仪。至于诸侯祭祀社稷和祖先，上下的人都奉守同样的典章制度，祝嘏不敢更改原有的礼制，这叫作大嘉。”

冠 颂

【原文】

郴隐公[1]既即位，将冠[2]，使大夫因孟懿子问礼于孔子[3]。

子曰："其礼如世子[4]之冠。冠于阼[5]者，以著代[6]也。醮[7]于客位，加其有成[8]。三加弥尊[9]，导喻其志。冠而字之，敬其名也。虽天子之元子[10]，犹士也，其礼无变。天下无生而贵者，故也行冠事必于祖庙，以祼享[11]之礼以将之，以金石之乐节之，所以自卑而尊先祖，示不敢擅。"

【注释】

①郝隐公：春秋时郝国国君，生平不详。

②冠：古代的一种礼仪，男子二十岁举行冠礼，表示已经成人。

③因：依靠，通过。孟懿子：鲁国贵族，姓仲，名何忌，孔子弟子。

④世子：太子，帝王的嫡长子。

⑤阼：大堂前东面的台阶。古代接待宾客，主人走东面的台阶，客人走西面的台阶。

⑥以著代：表明代表父亲。

⑦醮：举行冠礼时的一个仪节，即尊者对卑者酌酒，卑者接受敬酒后饮尽，不需回敬。

⑧加其有成：加礼于有成之人。

⑨三加：三次加冠。始加缁布冠，次加皮弁冠，再次加爵弁冠。弥：更加。

⑩元子：长子。

⑪祼享：灌以郁金香合黍酿造的香酒敬献给神。祼：灌。

【译文】

邾隐公即位后，将要举行冠礼，派大夫通过孟懿子向孔子询问举行冠礼的有关礼仪。

孔子说："这个礼仪应该和世子的冠礼相同。世子加冠时要站在大堂前东面的台阶上，以表示他要代父成为家长。然后站在客位向位卑者敬酒。每戴一次冠敬一次酒，表示加礼于有成的人。三次加冠，一次比一次尊贵，教导他要有志向。加冠以后，人们用字来称呼他，这是尊重他的名。即使是天子的长子，与一般平民百姓也没有什么两样，他们的冠礼仪式是相同的。天下没有生下来就高贵的，故而冠礼一定要在祖庙里举行，用祼享的礼节来进行，用钟磬之乐加以节制，这样可以使加冠者感到自己的卑微而更加尊敬自己的祖先，以表示自己不敢擅自僭越祖先的礼制。”

庙制

【原文】

卫将军文子将立先君之庙于其家[①]，使子羔[②]访于孔子。

子曰："公庙设于私家，非古礼之所及，吾弗知。"子羔曰："敢问尊卑上下立庙之制，可得而闻乎？"

孔子曰："天下有王，分地建国，设祖宗[③]，乃为亲疏贵贱多少之数。是故天子立七庙，三昭三穆，与太祖之庙七。太祖近庙[④]，皆月祭之。远庙为祧[⑤]，有二祧[⑥]焉，享尝乃止[⑦]。诸侯立五庙，二昭二穆，与太祖之庙而五，曰祖考庙[⑧]，享尝乃止。大夫立三庙，一昭一穆，与太庙[⑨]而三，曰皇考[⑩]庙，享尝乃止。士立一庙，曰考庙，王考无庙，合而享尝乃止。庶人无庙，四时祭于寝。此自有虞以至于周之所不变也。凡四代帝王之所谓郊者，皆以配天。其所谓禘者，皆五年大祭之所及也。应为太祖者，则其庙不毁。不及太祖，虽在禘郊，其庙则毁矣。古者祖有功而宗有德，谓之祖宗者，其庙皆不毁。"

【注释】

①文子：卫国将军，名弥牢。先君：先代的君王。家：大夫统治的地方叫家。

②子羔：姓高，名柴，字子羔，孔子弟子。

③祖宗：旧注："祖宗者，不毁之名。其庙有功者谓之祖，至于周文王是也。有德者谓之宗，周武王是也。"

④近庙：太祖的庙。

⑤祧：远祖的庙。

⑥二祧：旧注："二祧者，高祖及父母祖是也。"

⑦享尝乃止：按四时节令祭祀就可以了。享：用食物供奉祖先。尝：祭祀。

⑧祖考庙：始祖庙。

⑨太庙：即祖庙。

⑩皇考：对曾祖父的尊称。

【译文】

卫国将军文子将要在他的封地上建立先代君王的庙宇，派子羔向孔子询问有关礼仪。

孔子说："将公家的庙宇建立在私人的封地上，这是古代礼仪所没有的，我不知道。"子羔说："请问建立宗庙的尊卑上下的有关礼制，我能够听一听吗？"

孔子说："自从天下有了君王，分封土地，建立国家，设立祖宗的宗庙，就有了亲与疏、贵与贱、多与少的区别。所以天子建七庙，左边是三座昭庙，右边是三座穆庙，连同太祖庙一共是七庙。太祖庙为近亲的庙，每月都要祭祀。远祖的庙叫'祧'，有二祧，每季祭祀一次。诸侯建五庙，两座昭庙，两座穆庙，连同太祖的庙一共是五庙，叫作祖考庙，每季祭祀一次。大夫建三庙，一座昭庙，一座穆庙，连同太祖的庙一共是三庙，叫作皇考庙，每季祭祀一次。士建立一庙，叫作考庙，没有祖庙，父祖合祭，每季祭祀一次。平民百姓则不立庙，四季就在家中寝室祭祀。这种制度从有虞到周代都没有改变。凡是四代帝王称作郊祭的，都和祭天一起祭祀。称作禘的，是五年一次的盛大祭祀，都配天祭祀。地位为太祖的，他的庙不毁，不到太祖辈分的，即使受到禘、郊的祭祀，他的庙也可以毁。古代把祖有功而宗有德的叫作祖宗，他们的庙都不能毁。”

辩乐解

【原文】

孔子学琴于师襄子[①]。襄子曰："吾虽以击磬为官，然能于琴。今子于琴已习，可以益矣。"孔子曰："丘未得其数也。"有间[②]，曰："已习其数，可以益矣。"孔子曰："丘未得其志也。"有间，曰："已习其志，可以益矣。"孔子曰："丘未得其为人也。"

有间，曰："孔子有所缪然思焉，有所睪然[③]高望而远眺。"曰："丘迨得其为人矣，黮[④]而黑，颀然长，旷如望羊[⑤]，掩有四方。非文王其孰能为此？"

师襄子避席叶拱[⑥]而对曰："君子圣人也，其传曰《文王操》。"

【注释】

①师襄子：春秋时卫国乐官。

②有间：过了一段时间。

③罙然：高远的样子。

④黮：黑的样子。

⑤旷：志向高远。旧注“旷，用志广远”。望羊：仰视的样子。

⑥叶拱：以两手抚于胸前为礼。旧注：“叶拱两手薄其心也。”

【译文】

孔子向师襄子学习弹琴。师襄子说：“我虽然因磬击得好而被委以官职，但我最擅长的是弹琴。现在你的琴已经弹得不错了，可以学新的东西了。”孔子说：“我还没有掌握好节奏。”过了一段时间，师

襄子说："你已经掌握好节奏了，可以学新的东西了。"孔子说："我还没有领悟好琴曲的内涵。"又过了一段时间，师襄子说："你已经领悟到琴曲的内涵了，可以学新的东西了。"孔子说："我还没有理解到琴曲歌颂的是什么人。"

又过了一段时间，师襄子说："孔子穆然深思，有志向高远登高远望的神态。"孔子说："我知道琴曲歌颂的是什么人了。他皮肤很黑，身体魁梧，胸襟广阔，高瞻远瞩，拥有天下四方。这个人不是文王又有谁能达到这样的境界呢？"

师襄子离开座席两手抚胸为礼，对孔子说："您真是圣人啊，这首传世琴曲就是《文王操》。"

问　玉

【原文】

子贡问于孔子曰："敢问君子贵玉而贱珉①？何也？为玉之寡②而珉之多欤？"

孔子曰："非为玉之寡故贵之，珉之多故贱之。夫昔者君子比德于玉：温润而泽，仁也；缜密以栗③，智也；廉而不刿④，义也；垂之如坠，礼也；叩之，其声清越⑤而长，其终则诎然⑥，乐也；瑕不掩瑜，瑜不掩瑕，忠也；孚尹旁达⑦，信也；气如白虹，天也；精神见于山川，地也；珪璋特达⑧，德也；天下莫不贵者，道也。《诗》⑨云：'言念⑩君子，温其如玉。'故君子贵之也。"

【注释】

①珉：似玉的石头。

②寡：少。

③缜密：紧密貌。栗：坚硬。

④廉：棱角。刿：割。

⑤清越：乐声清澈激扬。

⑥诎然：断绝貌。

⑦孚尹：指玉的晶莹光彩。旁达：发散到四方。

⑧珪璋：皆为朝会时所执的玉器。特达：直接送达。古代聘享之礼，有珪、璋、璧、琮。璧、琮加上束帛才可送达；珪、璋不用束帛，故称特达。束帛，五匹帛。

⑨诗：此指《诗经·秦风·小戎》。

⑩言念：想念。言为助词。

【译文】

子贡问孔子："请问君子以玉为贵而以珉为贱，这是为什么呢？是因为玉少而珉多吗？"

孔子说："并不是因为玉少就认为它贵重，也不是因为珉多而轻贱它。从前君子将玉的品质与人的美德相比。玉温润而有光泽，像仁；细密而又坚实，像智；有棱角而不伤人，像义；悬垂就下坠，像礼；敲击它，声音清脆而悠长，最后戛然而止，像乐；玉上的瑕疵掩盖不住它的美好，玉的美好也掩盖不了它的瑕疵，像忠；玉色晶莹发亮，光彩四溢，像信；玉的光气如白色长虹，像天；玉的精气显现于山川之间，像地；朝聘时用玉制的珪璋单独通达情意，像德；天下人没有不珍视玉的，像尊重道。《诗经》说：'每想起那位君子，他温和的如同美玉。'所以君子以玉为贵。"

【原文】

孔子曰："入其国，其教可知也。其为人也，温柔敦厚，《诗》教也；疏通知远，《书》教也；广博易良，《乐》教也；洁静精微，《易》教也；恭俭庄敬，《礼》教也；属辞比事，《春秋》教也。故《诗》之失愚[1]，《书》之失诬[2]，《乐》之失奢，《易》之失贼[3]，《礼》之失烦，《春秋》之失乱[4]。其为人也，温柔敦厚而不愚，则深于《诗》者矣；疏通知远而不诬，则深于《书》者矣；广博易良而不奢，则深于《乐》者矣；洁静精微而不贼，则深于《易》者矣；恭俭庄敬而不烦，则深于《礼》者矣；属辞比事而不乱，则深于《春秋》者矣。"

【注释】

①失愚：失：不足，弊病。愚：愚昧不明，憨直。

②诬：言过其实。

③贼：旧注：“精微之失。”意指过分的精微细密。

④乱：乱加褒贬。意指褒贬失当。

【译文】

孔子说：“进入一个国家，就可以知道它的教化程度了。那里人民的为人，如果辞气温柔，性情敦厚，那是《诗》教化的结果；如果通达政事，远知古事，那是《书》教化的结果；如果心胸宽广，和易善良，那是《乐》教化的结果；如果安详沉静，推测精微，那是《易》教化的结果；如果谦恭节俭，庄重诚敬，那是《礼》教化的结果；如果善于连属文辞，排比史事，那是《春秋》教化的结果。所以《诗》教的不足在于愚暗不明，《书》教的不足在于夸张不实，《乐》教的不足在于奢侈铺张，《易》教的不足在于过于精微细密，《礼》教的不足在于烦苛琐细，《春秋》教的不足在于乱加褒贬。如果为人能做到温柔敦厚又不愚暗不明，那就是深于《诗》教的人了；如果能做到通达知远又不言过其实，那就是深于《书》教的人了；如果能做到宽广博大平易善良又不奢侈铺张，那就是深于《乐》教的人了；如果能做到沉静精微又不过于精微细密，那就是深于《易》教的人了；如果能做到恭俭庄敬又不烦琐苛细，那就是深于《礼》教的人了；如果能做到善于属辞比事又不乱加褒贬，那就是深于《春秋》教的人了。”

屈节解

【原文】

子路问于孔子曰："由闻丈夫[1]居世，富贵不能有益于物；处贫贱之地，而不能屈节以求伸，则不足以论乎人之域[2]矣。"

孔子曰："君子之行己，期于必达于己。可以屈则屈，可以伸则伸。故屈节者，所以有待[3]；求伸者，所以及时[4]。是以虽受屈而不毁其节，志达而不犯于义。"

【注释】

①丈夫：大丈夫。指有作为的人。

②域：境界。

③待：等待有人了解和任用。

④时：良时，好时机。

【译文】

子路问孔子说：“我听说大丈夫生活在世间，富贵而不能有利于世间的事物；处于贫贱之地，不能暂时忍受委屈以求得将来的伸展，则不足以达到人们所说的大丈夫的境界。”

孔子说：“君子所做的事，期望必须达到自己的目标。需要委屈的时候就委屈，需要伸展的时候就伸展。委屈自己是因为有所期待，求得伸展需要抓住时机。所以虽然受了委屈也不能失掉气节，志向实现了也不能有害于义。”

七十二弟子解

【原文】

颜回，鲁人，字子渊，少孔子三十岁。年二十九而发白，三十一早死。孔子曰：“自吾有回，门人日益亲。”回以德行著名，孔子称其仁焉。

【译文】

颜回，鲁国人，字子渊，比孔子小三十岁。二十九岁时头发就白了，三十一岁早早就死了。孔子说：“自从我有了颜回这个学生，我的弟子们关系日益亲密。”颜回以品德操守高尚闻名，孔子称赞他仁爱。

【原文】

宰予，字子我，鲁人，有口才，以语言著名。仕齐，为临淄[①]大夫，与田常为乱[②]，夷其三族。孔子耻之，曰："不在利病[③]，其在宰予。"

【注释】

①临淄：春秋时为齐国都城。在今山东淄博。

②与田常为乱：田常：即陈恒，春秋时齐国人。曾事齐简公，后弑简公而立平公。据《史记》司马贞索隐，《左传》无宰我与田常为乱的记载，而有一叫阚止的人字子我，被田常所杀。此作宰我事，恐有误。

③利病：利弊，利害。

【译文】

宰予，字子我，鲁国人，有口才，以能言善辩著名。他在齐国做官，为临淄大夫，因与田常一起犯上作乱，被夷灭了三族。孔子以此为耻，说："这样的结果，不在于有什么利弊，而在于宰予参与了这件事。"

【原文】

端木赐，字子贡，卫人。少孔子三十一岁。有口才，著名。孔子每诎[①]其辩。家富累钱千金，常结驷连骑，以造原宪。宪居蒿庐蓬户之中，与之言先王之义。原宪衣弊衣冠，并日蔬食[②]，衎然[③]有自得之志。子贡曰："甚矣，子如何之病也。"原宪曰："吾闻无财者谓之贫，学道不能行者谓之病。吾贫也，非病也。"子贡惭，终身耻其言之过。子贡行贩，与时转货[④]。历相鲁卫而终齐。

【注释】

①诎：贬退。

②并日蔬食：两日吃一日粮。

③衎然：快乐的样子。

④与时转货：买贱卖贵，随时转货。

【译文】

端木赐，字子贡，卫国人。比孔子小三十一岁，有口才，很著名。孔子经常阻止他的能言善辩。他的家庭非常富有，常驾着马车或骑着马，去看望原宪。原宪居住在茅草屋中，与子贡谈论古代先王治国的道理。原宪穿着破旧的衣服，两天才能吃一天的饭，但仍然很快乐，有自己的志向。子贡说："太过分了，你怎么会病成这样？"原宪说："我听说没有钱财叫作贫，学道而不能身体力行叫作病。我是贫，不是病。”子贡听了原宪的话感到很惭愧，终身都为说过这样错误的话而羞愧。子贡贩卖货物，能及时转手获利。曾担任鲁国、卫国的宰相，后来死在齐国。

【原文】

冉求，字子有，仲弓[①]之宗族。少孔子二十九岁。有才艺，以政事著名。仕为季氏宰[②]，进则理其官职，退则受教圣师，为性多谦退。故子曰：“求也退，故进之。”

【注释】

①仲弓：即冉雍，字仲弓。孔子弟子。

②为季氏宰：为季孙氏的家臣。

【译文】

冉求，字子有，和冉雍是同族。比孔子小二十九岁。有才艺，以会处理政事著名。曾为季孙氏的家臣。做官时就处理政务，不做官时就在孔子门下学习。为人性情多谦逊退让。所以孔子说："冉求做事退缩，所以我要鼓励他。"

【原文】

仲由，卞人，字子路，一字季路。少孔子九岁。有勇力才艺，以政事著名。为人果烈而刚直，性鄙而不达于变通。仕卫为大夫[①]，蒯聩与其子辄争国，子路遂死辄难。孔子痛之，曰：“自吾有由，而恶言不入于耳。”

【注释】

①仕卫为大夫：子路为卫国大夫孔悝的邑宰。

【译文】

仲由，弁地人，字子路，一字季路。比孔子小九岁。有勇力才艺，以政事著名。为人果烈而刚直，性格粗放而不善于变通。在卫国担任大夫的官职，正赶上蒯瞶与他的儿子蒯辄争夺国君之位，子路为保护蒯辄而死。孔子非常悲痛，说："自从我有了子路，那些恶意中伤的话再也传不到我耳朵里了。"

【原文】

卜商，卫人，字子夏。少孔子四十四岁。习于《诗》[①]，能通其义，以文学著名。为人性不弘，好论精微，时人无以尚[②]之。尝返卫，见读史志者云：“晋师伐秦，三豕渡河。”子夏曰：“非也，己亥耳。”读史志曰：“问诸晋史，果曰己亥。”于是卫以子夏为圣。孔子卒后，教于西河[③]之上，魏文侯师事之，而谘[④]国政焉。

【注释】

①习于《诗》：据传子夏精通《诗经》，《毛诗·序》就是他写的。

②尚：超过。

③西河：地名。即今陕西东部黄河西岸地区。子夏曾居于此，并在此讲学。

④谘：商量，征询。

【译文】

卜商，卫国人，字子夏。比孔子小四十四岁。他学习《诗经》，能理解其意，以文学著称。为人胸襟不够宏大，好论证精微的事情，当时没有人能超过他。他曾经返回卫国，见一个读史书的人说："晋师伐秦，三豕渡河。"子夏说："不对，不是三豕，是己亥。"读史书的人说："请教晋国的史官，果然是己亥。”于是卫国的人都把子夏当做圣人。孔子去世以后，子夏在魏国西河讲学，魏文侯把他当作老师，向他咨询治理国家的方法。

【原文】

曾参，南武城人，字子舆。少孔子四十六岁。志存孝道，故孔子因之以作《孝经》。齐尝聘，欲以为卿，而不就。曰："吾父母老，食人之禄则忧人之事，故吾不忍远亲而为人役。"参后母遇之无恩，而供养不衰。及其妻以藜烝不熟①，因出之。人曰："非七出也。"参曰："藜蒸小物耳，吾欲使熟，而不用吾命，况大事乎？"遂出之，终身不取妻。其子元请焉，告其子曰："高宗以后妻杀孝己②，尹吉甫以后妻放伯奇③。吾上不及高宗，中不比吉甫，庸知其得免于非乎？"

【注释】

①藜：藜羹，用嫩藜做的羹。烝：同“蒸”。

②高宗：即殷高宗武丁。孝己：殷高宗子，因遭后母谗言，被高宗放逐，忧苦而死。

③尹吉甫：周宣王时贤臣。伯奇：尹吉甫之子。因遭后母谗言，被其父放逐于野。

【译文】

曾参，鲁国南武城人，字子舆。比孔子小四十六岁。以孝道为志向，所以孔子因他而作《孝经》。齐国曾聘请他，想让他为卿，他不去，说：“我父母已年老，拿人家的俸禄就要替人家操心，所以我不忍心远离亲人而受别人差遣。”他的后母对他很不好，但他仍供养她孝敬她。他的妻子因藜羹没有蒸熟，曾参为此要休她。有人说：“你妻子没有犯七出的条款

啊！”曾参说：“蒸藜羹是小事，我让她蒸熟她却不听我的话，何况是大事呢？”于是就休了妻子，终身不再娶妻。他的儿子曾元劝他再娶，他对儿子说：“殷高宗武丁因为后妻杀死了儿子孝己，尹吉甫因为后妻而放逐了儿子伯奇。我上不及高宗贤能，中不比尹吉甫能干，怎知能避免不做错事呢？”

【原文】

澹台灭明，武城人，字子羽。少孔子四十九岁。有君子之姿。孔子尝以容貌望[①]其才，其才不充孔子之望。然其为人公正无私，以取与去就，以诺为名。仕鲁为大夫。

【注释】

①望：期望。

【译文】

澹台灭明，武城人，字子羽。比孔子小四十九岁。他有君子的姿容。孔子曾因他的容貌而期望他的才能可以和容貌相称，可是他的才能没能达到孔子的期望。然而他的为人公正无私，以获取与给予来选择去就，以重信用知名。在鲁国做官，官为大夫。

【原文】

高柴，齐人，高氏之别族，字子羔。少孔子四十岁。长不过六尺，状貌甚恶。为人笃孝而有法正[①]。少居鲁，见知名于孔子之门。仕为武城[②]宰。

【注释】

①法正：礼法规矩。

②武城：地名。故址在今山东费县西南。

【译文】

高柴，齐国人，属高氏家族的分支，字子羔。比孔子小四十岁。他身高不到六尺，相貌很丑。为人特别注重孝道而又遵守礼仪法度。小的时候居住在鲁国，在孔子的弟子中有一定名声。官为武城宰。

【原文】

宓不齐，鲁人，字子贱。少孔子四十九岁。仕为单父宰，有才智，仁爱，百姓不忍欺。孔子美[1]之。

【注释】

①大：看重。一本作“美”。

【译文】

宓不齐，鲁国人，字子贱。比孔子小四十九岁。担任单父宰，有才智，有仁爱，连百姓都不忍欺骗他。孔子很赞美他。

【原文】

南宫縚，鲁人，字子容。以智自将[①]，世清不废，世浊不污[②]。孔子以兄子妻之。

【注释】

①自将：自己保全。

②不污：不污秽。

【译文】

南宫縚，鲁国人，字子容。能以自己的聪明才智保全自己，世道清平会有所作为，世道污浊也不会同流合污。孔子把自己哥哥的女儿嫁给了他。

【原文】

公析哀，齐人，字季沉。鄙[1]天下多仕于大夫家者，是故未尝屈节[2]人臣。孔子特叹贵之。

【注释】

①鄙：鄙视。

②屈节：折节。

【译文】

公析哀，齐国人，字季沉。鄙视天下很多人到大夫家去做家臣，因此他没有屈节去做别人的家臣。孔子特别赞赏他。

【原文】

曾点[①]，曾参父，字子晳。疾[②]时礼教不行，欲修之，孔子善焉。《论语》所谓“浴乎沂，风乎舞雩”[③]之下。

【注释】

①曾点：即曾晳。

②疾：痛心，痛恨。

③浴乎沂，风乎舞雩：此为《论语·先进》文。这是曾点回答孔子的话。意为到沂水沐浴，到舞雩的树下去乘凉。舞雩：古代求雨祭天，设坛命女巫为舞，故名舞雩。

【译文】

曾点，曾参的父亲，字子晳。他痛心于当时不施行礼教，想改变这种情况。孔子很赞同他的想法，就像赞同他在《论语》中所说的“在沂水沐浴，在舞雩乘凉”一样。

【原文】

漆雕开，蔡人，字子若。少孔子十一岁。习《尚书》，不乐仕。孔子曰：“子之齿可以仕矣，时将过。”子若报其书曰：“吾斯之未能信。”孔子悦焉。

【译文】

漆雕开，蔡国人，字子若。比孔子小十一岁。他研习《尚书》，不愿做官。孔子说："按你的年龄可以做官了，不然就错过时机了。"子若给孔子回信说："我对您的话还不太明白。"孔子很高兴。

【原文】

颜亥，鲁人，字子骄。少孔子五十岁。孔子适卫，子骄为仆。卫灵公与夫人南子同车出，而令宦者雍渠参乘[①]，使孔子为次乘[②]。游过市，孔子耻之。颜刻曰："夫子何耻之？"孔子曰："《诗》[③]云：'觏[④]尔新婚，以慰我心。'"乃叹曰："吾未见好德如好色者也。"

【注释】

①参乘：陪乘。

②次乘：后面的车。

③《诗》：指《诗经·小雅·车辖》。

④觏：遇见。

【译文】

颜亥，鲁国人，字子骄。比孔子小五十岁。孔子到卫国去，子骄为仆从。卫灵公和夫人南子同车出游，让宦官雍渠陪乘，让孔子乘坐后面的车陪着。游览经过闹市，孔子感到很耻辱。颜亥说：“先生为何感到耻辱呢？”孔子说：“《诗经》说：‘遇到你们新婚，你们美满我欢欣。’”又叹息说：“我没有见到喜好美好品德如同喜欢美色一样的人啊！”

【原文】

梁鳣，齐人，字叔鱼。少孔子三十九岁。年三十未有子，欲出其妻。商瞿[①]谓曰："子未也。昔吾年三十八无子，吾母为吾更取室。夫子使吾之齐，母欲请留吾。夫子曰：'无忧也，瞿过四十，当有五丈夫[②]。'今果然。吾恐子自晚生耳，未必妻之过。"从之，二年而有子。

【注释】

①商瞿：春秋时鲁国人，字子木，孔子弟子。

②丈夫：指男孩。

【译文】

梁鳣，齐国人，字叔鱼。比孔子小三十九岁。到了三十岁还没有儿子，想休了他的妻子。商瞿对他说：“你不要这样做。从前我三十八岁还没有儿子，我母亲为我又娶了一房妻子，先生派我到齐国去，母亲请求让我留下来。先生说：‘不要担忧，商瞿过了四十岁，会有五个儿子。’现在果然如此。我恐怕你的子女晚生，未必是你妻子的过错。”梁鳣听从了商瞿的话，过了两年就有了儿子。

【原文】

琴牢，卫人，字子开，一字张。与宗鲁[①]友，闻宗鲁死，欲往吊焉。孔子弗许，曰："非义也。"

【注释】

①宗鲁：春秋时卫国人。为卫灵公兄卫公孟的参乘。公孟为人不善，但对宗鲁很亲近。宗鲁为保护公孟而死。

【译文】

琴牢，卫国人，字子开，一字张。和宗鲁是好朋友，听到宗鲁死了，想去悼念他。孔子不让他去，说：“这不合乎义。”

本姓解

【原文】

孔子之先，宋之后也。微子启，帝乙之元子[1]，纣之庶兄，以圻内[2]诸侯，入为王卿士。微，国名，子爵。初，武王克殷，封纣之子武庚于朝歌[3]，使奉汤祀。武王崩，而与管[4]、蔡、霍三叔作难，周公相成王东征之。二年，罪人斯得，乃命微子代殷后，作《微子之命》（由）[5]申之。与国于宋，徙殷之子孙，唯微子先往仕周，故封之贤。其弟曰仲思，名衍，或名泄。嗣微子之后，故号微仲。生宋公稽，胄子[6]虽迁爵易位，而班级[7]不及其故者，得以故官为称。故二微虽为宋公，而犹以微之号自终。至于稽乃称公焉。

【注释】

①帝乙：商代帝王。纣王的父亲。元子：长子。

②圻内：皇帝都城千里之地叫圻。此指都城千里之内的地方。

③武庚：商纣王之子，名禄父。周武王灭纣，封武庚以续殷祀。后因与管叔、蔡叔一起作乱，为周公所杀。朝歌：殷朝都城。故址在今河南淇县。

④管：管叔，周武王弟，周公兄。周灭商，封于管。

⑤《微子之命》：微子，名启，纣王的同母长兄，帝乙的长子。武庚被杀后，微子启代替武庚为殷之后裔，封于宋国。史官记录成王封微子的诰命，叫《微子之命》。

⑥胄子：古帝王与贵族的长子。

⑦班级：爵位等级。

【译文】

孔子的祖先，是宋国的后裔。微子启，是帝乙的长子，纣的同父异母哥哥，以都城千里之内诸侯的身份，进入朝廷为国王的卿士。微，是诸侯国名，属于子爵。当初，武王征服了殷国，封纣的儿子武庚于朝歌，让他奉行商汤的祭祀。武王死后，武庚与管叔、蔡叔、霍叔共同谋反，周公辅佐成王东征讨伐他们。第二年擒获了罪人，于是命令微子启代替武庚为殷的后裔，作《微子之命》申告此事。封微子于宋国，迁徙殷人的子孙到此地，唯有微子先到周朝去做官，被周朝封为贤人。微子的弟弟仲思，名衍，或名泄，继承了微子的爵位，因此又称微仲。仲思生宋公稽，后代虽然爵位变迁，但等级都没有祖辈高，仍然以旧的爵位称呼。所以微子和微仲虽然是宋公，但始终都用微子称号。到了稽即位，才开始称公。

【原文】

宋公生丁公申，申公生缗公共及襄公熙，熙生弗父何及厉公方祀。方祀以下，世为宋卿。弗父何生宋父周，周生世子胜，胜生正考甫，考甫生孔父嘉。五世亲尽，别为公族[①]，故后以孔为氏焉。

【注释】

①公族：同祖的一族。

【译文】

宋公稽生丁公申，申生缗公共和襄公熙，熙公生弗父何及厉公方祀。从方祀以下，世代为宋国卿。弗父何生宋父周，宋父周生世子胜，世子胜生正考甫，正考甫生孔父嘉。传到五代以后，分出同族，所以后来有一支以孔作为姓氏的族亲。

【原文】

一曰孔父者，生时所赐号也，是以子孙遂以氏族。孔父生子木金父，金父生睪夷，睪夷生防叔，避华氏之祸而奔鲁。防叔生伯夏，伯夏生叔梁纥。曰虽有九女是无子。其妾生孟皮，孟皮一字伯尼，有足病。于是乃求婚于颜氏。颜氏有三女，其小曰徵在。颜父问三女曰：“陬[①]大夫虽父祖为士，然其先圣王之裔。今其人身长十尺，武力绝伦，吾甚贪[②]之。虽年长性严，不足为疑。三子孰能为之妻？”二女莫对。徵在进曰：“从父所制，将何问焉？”父曰：“即尔能矣。”遂以妻之。徵在既往，庙见。以夫之年大，惧不时[③]有男，而私祷尼丘之山以祈焉。生孔子，故名丘而字仲尼。

孔子三岁而叔梁纥卒，葬于防。至十九，娶于宋之上官氏，一岁而生伯鱼。鱼之生也，鲁昭公以鲤鱼赐孔子。荣君之贶[④]，故因以名曰鲤，而字伯鱼。鱼年五十，先孔子卒。

【注释】

①陬：春秋时鲁地，孔子出生于此。故址在今山东曲阜东南。

②贪：舍不得。

③不时：不及时。

④贶：赐予，加惠。

【译文】

一说孔父这个名号，是出生时君王所赐的号，所以子孙就以此作为姓氏。孔父生子木金父，金父生睪夷，睪夷生防叔，防叔为了躲避华氏之祸逃亡到鲁国。防叔生伯夏，伯夏生叔梁纥。叔梁纥有九个女儿而无儿子。叔梁纥的妾生孟皮，孟皮字伯尼，脚有毛病。于是叔梁纥向颜氏求婚。颜氏有三个女儿，小女儿叫徵在。颜父问他的三个女儿：“陬邑孔氏的父辈和祖辈虽是士，但他们的祖先是圣王的后裔。现在求婚的叔梁纥身高十尺，武力绝伦，我很看重他。虽然年龄大了些性子又急，但不必担心。你们三人谁愿意做他的妻子？”大女儿二女儿都不说话。徵在走上前说：“听从父亲的安排，还有什么可问的呢？”她父亲说：“就是你能做他的妻子。”就把徵在许给叔梁纥做妻子。徵在去叔梁纥家时，先在宗庙见面。因为丈夫的年龄大，担心不能及时生儿子，便私下到尼丘山去祈祷。后来生下孔子，所以名丘字仲尼。

孔子三岁时叔梁纥去世，葬在防山。孔子十九岁，娶了宋国亓官氏的女儿为妻，一年后生下伯鱼。伯鱼出生时，鲁昭公送给孔子一条鲤鱼。孔子得到国君的赏赐感到很荣耀，所以给儿子取名鲤，字伯鱼。伯鱼活到五十岁，比孔子先去世。

【原文】

齐太史子与适鲁，见孔子，孔子与之言道。子与悦，曰："吾鄙人也，闻子之名，不睹子之形，久矣而未知宝贵也。乃今而后知泰山之为高，渊海之为大。惜乎夫子之不逢明王，道德不加于民，而将垂宝以贻后世。"

遂退而谓南宫敬叔[①]曰："今孔子先圣之嗣，自弗父何以来，世有德让，天所祚也。成汤以武德王天下，其配在文。殷宗以下，未始有也。孔子生于衰周，先王典籍错乱无纪，而乃论百家之遗记，考正其义，祖述[②]尧舜，宪章[③]文武，删《诗》述《书》，定礼理乐，制作《春秋》，赞明《易》道，垂训后嗣，以为法式，其文德著矣。然凡所教诲，束脩[④]已上三千余人，或者天将欲与素王[⑤]之乎？夫何其盛也！"

敬叔曰："殆如吾子之言，夫物莫能两大。吾闻圣人之后，而非继世之统，其必有兴者焉。今夫子之道至矣，乃将施之无穷，虽欲辞天之祚，故未得耳。”

子贡闻之，以二子之言告孔子。子曰：“岂若是哉？乱而治之，滞而起之，自吾志，天何与焉？”

【注释】

①南宫敬叔：鲁国大夫。

②祖述：效法前人，加以陈说。

③宪章：效法。

④束脩：学生家长送教师的酬劳。十条干肉称束脩。

⑤素王：有帝王之德而未居其位的人。后来儒家专以素王称孔子。

【译文】

齐国的太史子与来到鲁国，见到孔子。孔子和他谈论道，子与很高兴，说："我是浅陋无知的人，久闻您的大名，而没能和您见面，而求知的机会是很宝贵的。从今以后我知道了泰山的高大，大海的广阔。只可惜啊，先生没有遇到圣明的君主。道德不能在百姓中施行，而只有把这些宝贵的东西留给后世了。”

子与辞别孔子后对南宫敬叔说：“现今的孔子是先圣的后代，从弗父何以来，孔氏后代世世有德谦让，这是上天所赐的福分啊。成汤以武德称王天下，用礼乐相配合。殷商以下，就没有这样的情况了。孔子生在周朝衰败的时代，先王的典籍错乱无序，孔子就整理论述百家遗留的记录，考证其正确的含义，师法和陈说尧舜的盛德，效法周文王、周武王的文功武治，删定《诗》整理《书》，制定礼，理清乐，制作《春秋》，阐明《易》道，给后世留下训诫，作为法则，孔子的文德是何等显著啊！他所教诲的弟子，奉上束脩的就有三千多人，或许是上天要他成为无冕的素王吧？为什么如此兴盛呢！”

南宫敬叔说：“如果像你说的那样，事物不会两全其美。我听说圣人的后代，如果不是继承王位的

统系，也必然会有兴盛的人。现在孔子之道已非常完美，并将长久地施行于后世，即使想推却上天赐予的福分，也不可能。”

子贡听了这些话，把他们二人的议论都告诉了孔子。孔子说：“哪是这样的呢？乱了就要治理，停滞就要兴起，这是我的志向，和天有什么关系呢？”

朱子家训

【正文】

黎明即起，洒扫庭除[①]，要内外整洁。既昏[②]便息，关锁门户，必亲自检点。一粥一饭，当思来处不易。半丝半缕，恒念物力[③]维艰。宜未雨而绸缪[④]，毋临渴而掘井。自奉[⑤]必须俭约，宴客[⑥]切勿流连。器具质[⑦]而洁，瓦缶[⑧]胜金玉。饮食约[⑨]而精，园蔬胜珍馐[⑩]。勿营华屋，勿谋良田。

三姑[⑪]六婆，实淫盗之媒。婢美妾娇，非闺房之福。童仆勿用俊美，妻妾切忌艳妆。宗祖虽远，祭祀不可不诚；子孙虽愚，经书[⑫]不可不读。居身务期质朴，教子要有义方[⑬]。勿贪意外之财，勿饮过量之酒。

与肩挑贸易，毋占便宜。见贫苦亲邻，须多温恤。刻薄成家，理无久享。伦常乖舛[⑭]，立见消亡。兄弟叔侄，须多分润寡[⑮]。长幼内外，宜法肃辞严。听妇言，乖骨肉，岂是丈夫。重资财，薄父母，不成人子。嫁女择佳婿，毋索重聘。娶媳求淑女，勿计厚奁[⑯]。

见富贵而生谄容者，最可耻。遇贫穷而作骄态者，贱莫甚[⑰]。居家戒争讼，讼则终凶。处世戒多言，言多必失。勿恃势力，而凌逼孤寡，毋贪口腹，而恣杀生禽。乖僻自是⑱，悔误必多。颓惰自甘⑲，家道难成。狎昵恶少⑳，久必受其累。屈志老成㉑，急则可相依。轻听发言，安知非人之谮㉒诉，当忍耐三思。因事相争，安知非我之不是，须平心再想。

施惠㉓无念，受恩莫忘。凡事当留余地，得意不宜再往。人有喜庆，不可生妒忌心。人有祸患，不可生喜幸心。善欲人见，不是真善。恶恐人知，便是大恶。见色而起淫心，报在妻女，匿怨㉔而用暗箭，祸延子孙。

家门和顺，虽饔飧㉕不继，亦有余欢，国课㉖早完，即囊橐㉗无余，自得至乐。读书志在圣贤，非徒科第；为官心存君国，岂计身家。守分安命，顺时听天。为人若此，庶乎近焉。

【注释】

①庭除：厅堂院落。

②昏：天刚黑时。

③物力：可供使用的物资。

④未雨而绸缪：语出《诗经·豳风·鸱》“迨天之

未雨，彻彼桑土，绸缪牖户”，后比喻事先做好工作。

⑤自奉：自己日常生活的供给或消费。

⑥宴客：宴请宾客。流连：乐而忘返或依恋不舍。

⑦质：质朴、朴素。

⑧瓦缶：泥制的盆罐，指粗劣的餐具。

⑨约：少，简约。

⑩珍馐：贵重珍奇的食品。

⑪三姑：尼姑、道姑、卦姑。六婆：牙婆、媒婆、师婆、虔婆、药婆、稳婆。泛指穿堂入室、搬弄是非的妇女。

⑫经书：儒家经典著作。

⑬义方：做人的正道。多指家教。

⑭乖舛：违背，差错。

⑮分多润寡：富有的周济贫穷的。

⑯厚奁：丰厚的嫁妆。

⑰莫甚：指没有比此更严重了。

⑱乖僻自是：执拗孤僻，自以为是。

⑲颓惰自甘：颓废怠惰，自甘情愿。

⑳狎昵恶少：亲昵品行恶劣的浪荡青年。

㉑屈志老成：曲意迁就年高有德者。

㉒谮诉：进诉谗言，说人坏话。

㉓施惠：给人以恩惠。

㉔匿怨：对人怀恨在心，面上却无表露。

㉕饔飧：早餐和晚餐。

㉖国课：公家的钱粮课赋。

㉗囊橐：口袋。

朱子治家格言·译文

天刚亮时就起床，打扫庭院，不论室内、屋外都要整齐清洁；天黑了就回家，不要在外面逗留。晚上睡觉前关锁门窗，一定要亲自检查。不论是一粒饭或一口粥，都要想到它得来很不容易，粒粒都是农夫辛勤耕耘的结果；纵然是半丝半缕的布匹，也要珍惜物力制造的艰难。

凡事应该事先做好准备，不要等到下雨了，才想到

要修补房子；口渴了才想到要挖井取水。至于自己常生活所需，应力求节俭朴素不要浪费。参加宴会时，餐会结束了就回家，千万不要沉迷在宴席热闹的气氛中，舍不得离去。日常学用的餐具，只要实用干净就好，即使是很普通的瓦罐、碗盘，也胜过价格昂贵如金似玉、却不实用的器皿；饮食要合乎自然简单、营养均衡与卫生三个原则，不能偏食，即便是自家菜园里种植的普通蔬菜，也胜过稀有珍贵的佳肴（山珍海味不易消化）。不要建筑华丽的豪宅，不要图谋肥沃的土地，一心一意希求积累财产。

行为不端正，好说是非，喜欢挑拨离间的人就是三姑六婆，也是淫乱偷盗的媒介；婢女美丽侍妾妖艳，并非闺房之福。选用做事的仆人，不要选择外貌俊美的，妻妾最忌浓妆艳抹，争奇门艳。

祖宗虽然离我们年代久远，当饮水思源常念祖宗之德，逢年过节祭祖时，一定要心存诚敬；子孙即使再愚笨，也不能不教导他读经，更应该给他机会，让他接受圣贤的教诲。立身处世务必节俭朴素；教育子女要因材施教，使用适当的方法，更要合乎义理。不要贪图意外之财，饮酒要有节制不可过量。与肩挑货物的小贩交易，应当体恤他们靠体力谋生不易，不要斤斤计较，贪小便宜；看见生活穷苦的亲戚或邻居，必须温和地给予关怀和照顾。

以居心刻薄创业起家者，其福报享受绝无长久的道理，违背伦常道德的家庭，很快就会导致衰败灭亡。兄弟叔侄等至亲，在财物的分配，须帮助孤寡者多分一些，长幼有序内外责任要分别清楚，家规须严谨分明，执行要严格认真。听信不明理的妻子所说的话，因而造成父子、兄弟之间亲情失和，甚至分离，不是大丈夫应有的作为？过分重视钱财，却亏待父母，即是不孝，没有资格为人之子。嫁女儿选女婿要注重品德，不要贪图金钱物质的享受，索取丰厚的聘礼，娶媳妇应该寻求贤淑女子，不要计较嫁妆丰盛与否。

见到有钱、有势的人家，就表现出巴结奉承的样

子，是可耻的行为；遇到贫穷的人，就摆出轻视骄傲的样子，这种行为最是低贱。在乡里要避免与人争斗甚至打官司，打官司到最后都没有好结果；待人处事应避免多话，因为言多必失。不要倚仗势力欺凌孤儿寡妇；不要贪图口腹之欲（贪吃），而任意杀害动物。性情古怪、孤僻又不合群，还自以为是的人，错误和后悔的事必定很多；颓废消沉自甘堕落的人，难以成就事业。

喜欢亲近不良少年，结交流氓，日子久了，必定受到连累；与老成持重，能够约束自己的人为友，遇到急难时，就可以得到他的指导与帮助。

轻易听信他人的议论，未经查证，怎么知道不是对方借机诬陷，挑拨离间呢？应当忍耐，再三思量、查证，以明辨是非、善恶；因事与人相争，怎么知道不是自己的错？必须平心静气地想清楚，不要意气用事。帮助别人的好事，不要记在心上；接受别人的恩惠不能忘怀，要常存报答之心。凡事不要做过头了，应适可而止，要记取“满招损，谦受益”的古训，得意之时，要懂得谦让，不可以沾沾自喜，执着、舍不得放下。

人家有喜庆，应该诚心祝福，不可以嫉妒；人家遭遇不幸时，应当同情怜悯，不可幸灾乐祸。做善事希望人家看见，不是真善；做坏事怕人家知道，便是大恶。见到美色而与起淫欲的念头，要小心自己的妻女也会遭到同样的处境；把怨恨藏在内心，外表装作若无其事，却暗中害人，是最损阴德的事，灾祸将会连累到子孙。只要一家人能够和睦相处、平安顺利的过日子，虽然三餐不继，也觉得幸福快乐；该纳的税早目缴完，即使口袋毫无剩余，依然心安理得欢喜自在。

读书志在学习圣贤，做官能把思放在国家百姓身上；谨守本分，安于命运不妄求，一切顺乎时局、天理而行。能够做到这样，差不多就可以接近圣贤的境界了。